柴山雅都 著

「兵六」

——風を感じるこだわりの居酒屋

新評論

はじめに

江戸幕府の旗本、神保長治《じんぼうながはる》（一六四一〜一七一五）が神田小川町に屋敷を構えたことから、そこを通っていた小路が「神保小路」と呼ばれるようになり、明治に入って辺り一帯が「神保町」と名付けられることになったこの街に、一九四八（昭和二三）年、居酒屋「兵六」は開店した。多くの古書店や書店が並ぶことから「本の街」という通称がよく知られているわけだが、最近では「スポーツの街」とか「カレーの街」とも言われるようになった。文字どおり、スポーツ店やカレーの店が軒を並べ、かつてとは少し様相の違う人たちで賑わっている。

とはいえ、本のほうも負けてはいない。二〇一九年で六〇回目となる「神保町古本まつり」が毎年一〇月末から一一月にかけて開催されており、その期間中に、「神保町ブックフェスティバル」（二〇一九年で第二九回）が二日間開催されている。新型コロナの影響で二〇二〇年は中止となったが、この期間中の人出はスゴイのひと言だ。まるで、盆と正月が一緒に来たようなものである。掲載した写真や地図を参照していただきたいが、「靖国通り」と「すずらん通り」が人で埋まるのだ。

この二つの通りに挟まれた路地、三省堂書店の裏口（通用口）の真ん前に「兵六」はある。角地なので、自然の風が心地よく吹きこんでくる。

店の名前を「ヒョウロク」と伝えると、「あぁ、ヒョウロクダマのこと？」とよく言われる。「ヒョウロクダマ」は漢字で書くと「表六玉」となるので、そもそも字が違う。また、「表六玉」とは、亀が甲羅から手足と頭、そして尾の六つを表に出した状態を指しており、それが転じて「ダラしないさま」を表している。仮に、「このヒョウロクダマめが」という使い方をする場合は「侮蔑の言葉」となるので、ちょっと注意が必要だ。

では、店名の由来は何かというと、鹿児島県の寓話「大石兵六夢物語」に由来している。

この物語を書いたのは毛利正直（一七六一～一八〇三）という下級武士で、西郷隆盛（一八二八～一八七七）や大久保利通（一八三〇～一八七八）が住んでいた加治屋町に生まれている。この作品が書かれたのは一七八四年で、薩摩藩は八代藩主・島津重豪《しげひで》

神保町ブックフェスティバル（2019年）

（一七四五〜一八三二）のもと商業と文化振興に力を入れていた時代であり、それに便乗する形で巷《ちまた》では権力者や小役人が横行し、民衆を苦しめていた。

拝金主義に浮かれる小悪人を悪狐にたとえて風刺した作品が「大石兵六夢物語」であり、主人公の大石兵六（大石内蔵助の子孫という設定）を通して語られる社会批判は読者の共感を誘った。近世の薩摩を代表する戯作《げさく》文学であり、中期江戸文学として高い評価を受けていることもあり、現代語訳版も出版されて現在も読み継がれている。

鹿児島県出身の初代亭主・平山一郎はこの物語が大好きで、「兵六」と名付けたわけである。とはいえ、最近『広辞苑（第七版）』（岩波書店、二〇一八年）を見たところ、「ひょう・ろく」の説明に（「兵六」とも当てる）と書かれていた。

言葉の意味や使い方が時代とともに変化していくのは仕方ない。言葉も人が使うモノである以上、多くの道具と同じく、こなれてきて使いやすくなったり、壊れて捨てられていくことになる。侮蔑を表す「ヒョウロクダマ」が「兵六」と書かれることも、世の流れとして受け入れるべきことかもしれない。

しかし、初代亭主を知るお客さんたちは、この

西元肇訳、高城書房、1999年

「ヒョウロク＝兵六」説を決して受け入れることはなかった。その理由は、「怖かった」、「怒られた」、「追い出された」、「この人の前では黙って静かに呑むしかなかった」からだ。あるお客さんに初代のことを尋ねると、「権力に屈することがなく、庶民の味方であった」と言っていた。さながら、現代の世によみがえった「昭和の西郷」と思っていた人が多いようである。

そんな平山一郎を「ヒョウロクダマ」と言うことはできない。店の近所にある岩波書店に行って、『広辞苑』から「(「兵六」とも当てる)」の一行を削除してもらおうかとも思っている。

「兵六」の歴史に関しては第1章で詳しく述べることにするが、開店してから七〇年以上、時代は大きく大きく変化した。初代が亡くなったあと紆余曲折があり、二七年前から甥である私、柴山雅都《まさと》が「兵六」を継いでいる。

実は、店を継いだ当時、私は躁うつ病を患っていた。また、そのころからの悩みであるコミュニケーション障がいに関しては、現在でも完全に克服したとは言い難い状態である。それゆえ、常連客を含む周りの人々は、「長くは続かないだろう」と思っていた（私自身も思っていた）。

しかし、四半世紀以上続いている。もちろん、初代のようにカリスマ性があって続けられてきたわけではない。この街を支えてきた人たち、「兵六」に通い続けてくれる常連客をはじめとした多くの人々の助けがあってこそ、ここまでやってこれたと思っている。そんなみなさんに何とか恩返しができないかと思い、本書を著すことにした。

言葉や表現方法が変化するように、「兵六」もまた同じスタイルで続けることはできないかもしれない。しかし、七〇年以上続けてきたという自負のもと、「居酒屋文化」を伝えることはできるのではないかと思っている。その伝える手段として、「本の街神保町」らしく「本」という方法を用いることにした。

この街を支えてきた出版文化、つまり本をつくり、本を売り、本を愛してきた人たちの多くが嗜んできた「お酒の文化」を通して、私と同じくコミュニケーション障がいを患っている若い世代の方々にも、「居酒屋」という言葉がもつ意味を伝えていきたい。「ここに来れば、あなたの人生観が変わるかもしれない」（少なくとも、私は「兵六」と出合ったことで人生観が変わった）と言えるほどの「兵六の物語」、ぜひ楽しんでいただきたい。

私は「兵六」の三代目である。「三代目」と聞いて、若い方ならとっさに思い浮かべるのは「三代目J SOUL BROTHERS」だろうか。私と同世代ならアルセーヌルパンの三代目の顔が浮かぶであろうし、その前の世代なら歌舞伎役者か落語家の大名跡を思い浮かべるだろう。小さな居酒屋の三代目と言っても、これらのように大層なものではない。これまでにも「三代目が身上潰す」なんて心ない言葉をかけられたりもしたが、前述したとおり二七年が過ぎているし、店は活気を保ち続けている。

とはいえ、本書執筆中に新型コロナウィルスが世界中で猛威を振るった。これにより、日本のみならず世界中の飲食店が危機に瀕している。「兵六」も、狭い「コの字型カウンター」にお客さんをギュウギュウ詰めにして座っていただくような状態にすることはできなくなったが、最初の緊急事態宣言が解除（二〇二〇年五月二五日）されて営業を再開した日などは、店を心配して、たくさんのお客さんが駆けつけてくれた。

おかげさまで、その後もお客さんの数が半減することもなく何とか続けている。従業員を多く抱える大きな店と比べたら、吹けば飛ぶような売上金額しかないが、慎ましいながらも家族が笑顔でいられるくらいの収入は得ている。本当に、たくさんの人の支えによって、このパンデミックを乗り切ることができそうである。

コロナ禍で感じたこと、それは「酒飲みの業はウィルスより強い！」ということだ。ヨーロッパには、ペストなどのパンデミックを乗り越え、何百年と続いている酒場があるそうだ。何とも言えない「生命力」を感じてしまう。「兵六」は小さな居酒屋だし、ヨーロッパの老舗に比べたら、たかが七〇年という「ひよっこ」だが、それでも何とか頑張ってきている。同じように頑張っている小さな飲食店と、飲食店にかかわるすべての人にエールを送ることができないだろうかという想いもあって本書を書き上げた。微力ながらも、なにがしかの「力」になれたら幸いである。

もくじ

新世界菜館
白山通り
A3
A5
スマトラカレー共栄堂BF
1F 金ペン堂（万年筆）
明大通り
神保町
←至九段下
A6
靖国通り
地下鉄神保町駅
古書店街
神田古書センター
10F 岩波ホール（映画）
さぼうる
さぼうる2
神田ぶらじる
古瀬戸
書泉グランデ
ミロンガヌオーバ
兵六
（居酒屋）
三省堂書店神保町本店
ラドリオ
東方書店（中国書籍）
楊子江菜館（中華）
駿河台下
さくら通り
すずらん通り
3F 農文協農業書センター
1F 文銭堂
橘昌
三幸園
内山書店
（中国・アジアの本）
東京堂書店
天麩羅はちまき
文房堂（画材）
岩波書店
中央経済社

第1章　神保町とは、すごいところだ —— 3

第4章 HSP侍が斬って斬って斬りまくる

第5章 ブログ時代が教えてくれた風の起こし方――177

「兵六」——風を感じるこだわりの居酒屋

第1章

神保町とは、すごいところだ

主人の人柄でもっている店

神保町とはすごいところだ。世界一の古書店街には、文豪の全集などもある一方、グルメに関するガイドブックなんかも見つけることができる。刊行当時は単なるガイド本として扱われていたであろうグルメ本も、三〇年、四〇年と神保町の古書店で寝かされると立派な歴史史料となり、高価な値段が付いて販売されている。

『たべあるき東京』（岸朝子、昭文社、一九八八年）という本には、兵六は「主人の人柄でもっている店」とある。はかにいいところがないみたいなコメントだが、それほどに「兵六」の初代亭主、平山一郎の存在感が際立っていたということだろう。

初代のころから四〇年以上にわたって通っていただいているお客さんたちの声を総合すると、「とにかく怖かった」、「お通夜みたいにシーンとして呑んでた」、「体調がよくないと行けなかった」など、初代の逸話を楽しそうに話してくれる。そのときも酔っぱらっていただろうが、今も酔っぱらっている人たちの話である。それぞれ、都合よく、また美しく補正されているのだろうが、おおむね間違いではない。

最近の「兵六」では、よく冷えた焼酎とともにお水を差し上げることもあるが、「オヤジさんには、怖くてお水が欲しいなんて頼めなかった」と話す人が多い。生《き》のまま一合の焼酎を呑めば、かなりお酒に強い人でも結構酔うものだ。それでも、誰もチェイサーを頼まなかった、いや頼めなかったのだ。私の代になってからようやく水を頼めるようになったわけだが、それまでお冷《ひや》を出す習慣がなかったものだから、急きょ、モロゾフのプリンの容器に入れて出したのが最初のお冷である。一五年ほど経つが、それが今でも続いている。

プリンの容器に入ったお冷

ちなみに、一九七八（昭和五三）年に発行された『酒の店』（佐々木芳人著、昭文社、一九七八年）には、初代のことが次のように書かれていた。

主人は上海から引揚げたお役人。明治生まれの正は正、邪は邪とする厳しい昔日の典型的な官員さんタイプ。しかし正の範疇《はんちゅう》の中にも悪は存在し、悪の範疇の中にも正の存在することを、表には出さないが百も承知心得ていることは、若い学生とある時は厳しい顔で、あるときは微笑みで、その瞬時の表情の中にそれが読み取れる。（前掲書、一一二ページ）

どうやら、「怖い」というよりは「厳格」だったのかもしれない。

こんな初代、平山一郎は一九〇二（明治三五）年に鹿児島で生まれている。太平洋戦争が終わるまで上海におり、終戦後、家族六人で日本に引き揚げてきた。現在も「兵六」で焼酎を中心にして、餃子、炒豆腐、炒麺（やきそば）などといった中華メニューがあるのはこれに由来している。

焼酎と中華、木に竹を接ぐような感じもするが、家族を養っていこうという使命感の表れだったのかもしれない。それが、自分の死後も多くの人たちに支持され、大切にされる店になり、七〇年以上も続くとは想像もしていなかったであろう。まずは、初代が歩んできた道のりを振り返ることにする。

炒麺（やきそば）

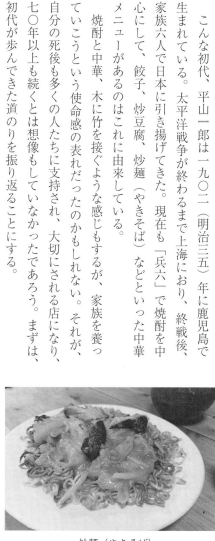

鹿児島での平山一郎

よく「一〇〇年前の……」と言って時代の変遷を語る人がいるが、この時間を想うとき、教科書に書かれている出来事をイメージするのか、それとも肉親から直接聞いた生々しい話を思い出すのかによって、頭の中に描かれる映像はかなり違ったものとなる。平山一郎が生まれた一九〇二年は一二〇年も前のこととなり、愕然としてしまう。この年、日本ではどんなことが起きていたのだろうか。

映画にもなった八甲田山での雪中行軍遭難事件が起きたのが一月、日本海海戦で連合艦隊の旗艦となった「戦艦三笠」が竣工されたのが三月というから、戦争のきな臭さが日常に蔓延していた時代であったのだろう。一方、初代が生まれる数日前の七月一八日、西郷隆盛（一八二八〜一八七七）の弟で「小西郷」と呼ばれた西郷従道《じゅどう》（一八四三〜一九〇二）が亡くなっている。幕末の志士が普通に生きていた時代、それが一九〇二（明治三五）年である。

生まれたのは鹿児島市薬師町六八番地。鹿児島市の中央、甲突川《こうつきがわ》の下流域に位置しているところである。川を挟んで、東側には西郷隆盛の銅像が立つ「城山公園」が望める。二〇一八年に放送されたNHKの大河ドラマ『西郷《せご》どん』において、若かりし西郷隆盛がウナギを捕まえるシーンがあったが、それが甲突川である。

　初代平山一郎が生まれた明治三五年の鹿児島は、『西郷どん』で描かれた景色とそれほど変わっていないと思われる。「貧乏な家庭に育った者」（平山一郎『本の街　神田村・兵六亭』二一三ページ）であると自身が書いているのは謙遜ではなく、城下侍の家とはいえ質素な暮らしをしていたと思われる。

　初代の父である平山辰彦は小学校の校長をしていた。私にとっては祖父にあたるわけだが、年が離れすぎていて一度も会ったことがない。四〇年ほど前、私が小学生だったときに家族で鹿児島に行った際、祖父が校長をしていた西田小学校を訪れている。現在は建て直されているが、一九七八年当時、西田小学校は木造校舎で、廊下はツルツピカピカに磨かれていた。この清潔さを保つのは、並みの努力では無理だとすぐに分かり、校舎に足を踏み入れたとき、伯父や父に感じる薩摩の「質実剛健さ」というものを体感し、思わず背筋を伸ば

西田小学校の校門に立つ筆者

新上橋より甲突川上流を望む

してしまったことを覚えている。

両親とともに招き入れられた校長室には、歴代の校長の写真が掲げられていた。祖父は四代目の校長で、文豪のようなカイゼル髭をたくわえていた。間違いなく、現在の私よりは年下のはずだが、威厳に満ちあふれていたことを覚えている。そして、初代校長の写真を見て、まだちょんまげを結っていたのでさらに驚いた。創立が一八七五（明治八）年というから、それもうなずける。

それにしても歴史のある小学校だ。そして、その四代目校長の長男として生まれた平山一郎の厳格さは、西田小学校のことを思い出すだけで納得してしまう。このような経験があるからか、東京生まれの私だが、鹿児島をただの田舎とは捉えてはいない。言うまでもなく、誇り高い土地柄である。

上海へ留学——東亜同文書院大学へ

初代は、一九二〇（大正九）年に鹿児島第一中学（現・鶴丸高校）を卒業している。現在でも県内では有名な進学校であるが、当時、成績優秀者は中国・上海にある「東亜同文書院大学」[1]への推薦入学が許されていた。

初代がいかに優秀だったかについては、子どものころからよく親に聞かされていた。「学費はただ」、「県で、一人か二人くらいしか行けない」、「お小遣いももらえる」、「東大よりも難しい学校に通っていた」と、耳にたこができるほど言われ続けてきた。とはいえ、子ども心に「東大の上」というフレーズにはかなりのインパクトを感じた。何といっても、大学といえば「東京大学」くらいしか知らないときであったからだが、そのうえにお小遣いがもらえるという。なんて素敵なところだろう、と思った。

東亜同文書院大学について初代は、自著『神田村・兵六亭』の「私の上海　青春篇」で詳しく記している。

（前略）戦前では日本でも一寸した有名校であった。何分にも学費不要で、——

（1）上海徐家匯海格路に本部を置いていた日本の私立大学で、一九三九年に設置された。一九四五年、中国に学校施設を接収され、一九四六年に教職員・学生の引き揚げをもって閉学している。

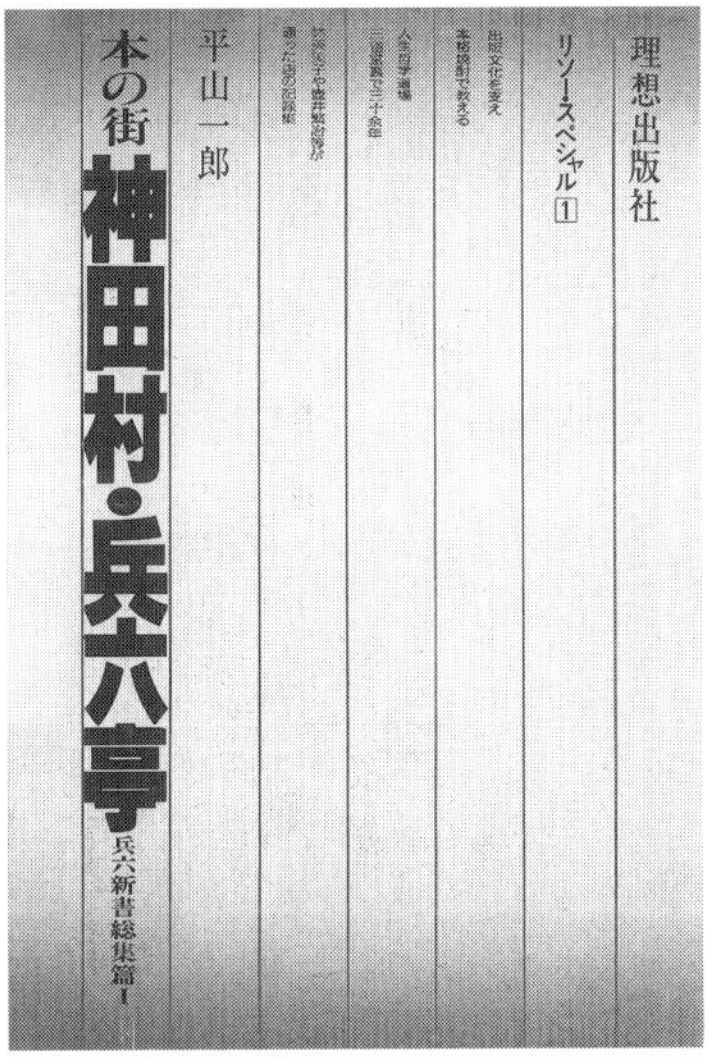

平山一郎著、理想出版社、1981年

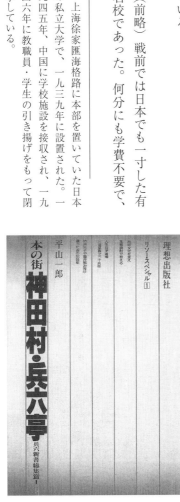

現在の大学での奨学金制度等とは段違ひに徹底したものであった。教科書文具類はもとより、制服学帽、靴スリッパ等被服一切を支給するばかりでなく、勿論食費寄宿費は無料であり、そればかりか「週給」と称して一週に一弗《ドル》のお小遣い迄支給して呉れた。（二一三ページ）

どうやら、私の親が言っていた「お小遣いもくれる大学」というのは間違っていなかったようだ。初代は続けて、「正しく楽園とも云へる様な学校と申さねばならなかった」（二一三ページ）と述べている。なるほど、「楽園」とも言っている。子ども時分の幼い想像は、あながち間違っていなかったことになる。

東亜同文書院大学に関しては、もう一つ聞かされてきたことがある。卒業に際して、学生たちは「大旅行」と称する旅に出なければならなかったようだ。五、六人のチームを組んで、中国本土から東南アジアに至るまで数か月間にわたって旅をし、地域情報を収集したという。その情報をもとに、『志那省別全誌』（全一八巻、東亜同文書院）という本が刊行されてもいる。卒業旅行のルーツとでも言えるこの「志那調査旅行」で、初代は野生のトラに遭遇している。

このような話を聞かされたのは、先にも述べたように私が子どものころである。子どものときに知っている中国と言えば、『西遊記』である。孫悟空が三蔵法師とともに旅をしていたというイメージ、そこにトラが現れるのだ。孫悟空のように如意棒を持たず、分身の術という特技をもたない一行は一目散に逃げたそうであるが、話を聞いている子どもにとってはワクワクするような物語であった。

後年、「東亜同文書院大学はスパイ養成学校だった」とする説もあると聞いたが、この「大旅行」がそう思わせたのではないかと思ってしまう。旧日本軍が、学生に対して情報提供を依頼するといったケースもあったようなので、スパイと見なされてもおかしくない。とはいえ、当時の私はまだ子ども、まったくもって理解の外であった。

上海の様子

東亜同文書院大学への留学が許された初代だが、鹿児島一中を卒業したばかりの年代である。上海行きについては、「大陸の荒野へ追放された」思いだったという。日清戦争（一八九四年～一八九五年）で日本が勝ったこともあり、当時の日本人は中国を「強国老（チャンコロ）」などと蔑称《べっしょう》し、中国を未開の後進国であると決めつけていたという。「戦争に勝つ」ということ、戦後生まれの私には今ひとつ実感をもって表現することはできないが、日本よりも歴史があり、大国である中国をそこまで蔑視することはないだろう。

さて、初代であるが、上海へ渡ると思っていた様子とまったく違っていた。上海は「明治から大正時代までは東洋一の文明開化の街」であり、ロンドンかパリへ行ったかのような錯覚に陥ったという。

初代が生まれ育った鹿児島市の西部地区は、当時、小学校の低学年（明治四四年頃）まではランプでの生活であり、その掃除や石油の注入などは子どもたちの日課となっていた。高学年になって電燈がつくようになったようだが、それについては、「文明とは何んと明るく有難いものであるかと驚喜した事を今でも覚えてゐる」（前掲書、二一七ページ）と述べている。歴史の教科書に出ている「文明開化」という言葉は、明治生まれの初代にとっては、まさに革命的な出来事であったのだろう。

一九二三（大正一二）年に発生した関東大震災前の東京市はどのような様子であったのだろうか。その当時を伝える写真集などを見ると、市電のレールを守るかのように石畳が一部に敷かれていたが、初代が雨の日に行った池袋について、「全で泥田の様な酷い道で歩くのに難渋した」（前掲書、二一八ページ）と記していることからも分かるように、多くの道路がほとんど未舗装であった。

関東大震災・京橋の第一相互ビルヂング屋上より見た
日本橋と神田方面の惨状

東京ですらこのような状態であったにもかかわらず、すでに上海では、「全市が頑丈な鉄筋コンクリートの上にアスファルトを敷いた立派な舗装道路になつて居つた」（前掲書、二一八ページ）のだ。バカにしていたはずの上海へ足を踏み入れた鹿児島の青年、平山一郎の驚く顔が目に浮かぶようである。

内山書店――魯迅《ろじん》と芥川龍之介

二〇一九年一二月三〇日、NHKにて『ストレンジャー　上海の芥川龍之介』（主演・松田龍平）というドラマが放映された。その数日前、この番組の宣伝を見た「兵六」の現オーナーであり、厨房を担当している茅野邦枝《かやのくにえ》の反応はすごかった。ちなみに、茅野邦枝は平山一郎の次女であり、上海生まれである。

「お父さんがその話をよくしてたのよね！」

この物語の舞台は、一九二一（大正一〇）年の上海である。〈大阪毎日新聞〉の特派員として上海に渡った芥川龍之介（一八九二～一九二七）が主人公であり、その年からちょうど一〇〇年だということで制作された作品である。

同じころ、初代は東亜同文書院大学の学生として「内山書店」へ足繁く通っていた。店主であ

る内山完造（一八八五～一九五九）とも親しくなり、仲良くお付き合いをさせていただいていたある日、

「平山さん、きょう魯迅《ろじん》さんが来たよ！」(2)

と、内山完造が興奮気味にまくし立てた。中国の小説家、翻訳家、思想家である魯迅（一八八一～一九三六）が客として訪れ、本を数冊買っていったのだという。当時、魯迅は四六歳、平山一郎は二五歳である。

かつて「兵六」では、お客さんたちがこの当時のことを聞きたがったようである。

「魯迅さんが、あんなにエライ人だとは思わなかった」と言うのは木村聖哉氏(3)で、店が空いているときに初代から聞いた魯迅の話である。偉ぶることなく、若かりし初代とも丁寧に接してくれていたようである。

魯迅は、初代がする質問に何でも気軽に答えてくれたようだが、あいまいな答えは一切せず、分からないことがあれば調べてきて、後日教えてくれたそうである。あの魯迅が、である!!

若気の至りで、たぶん初代も無邪気になんでも聞いたことだろう。質問をしている初代の顔、

現経営者の茅野邦枝

それに答える魯迅の柔和な笑顔が目に浮かんでくる。本当に知識が深い人は、分からないことがあったら潔く「分からない」と答えるものらしい。この二人の関係を、木村氏が次のように述べている。

「以後魯迅は、内山書店の常連となり、終生内山完造と友誼を結んだ。その縁で平山さんも魯迅と親しく接し、私淑するのである」（〈東京やまなみ〉四一ページ）

実は、初代と魯迅との出会いについて、テレビのスペシャル番組で初代がインタビューを受けたことがあった。ベータのビデオテープで録画した時代なので、一九八〇年代の半ばくらいではないかと記憶しているが、深夜に放送されたその番

（2）　東京やまなみの会編集〈東京やまなみ〉No.38。木村聖哉「平山一郎さんと魯迅さん」四〇ページより。

（3）　一九四〇年、中国・大連生まれ。同志社大学文学部を卒業して大阪労音事務局、「話の特集編集室」などを経てフリーライターになる。『竹中労・無頼の哀しみ』（現代書館、一九九九年）などがある。

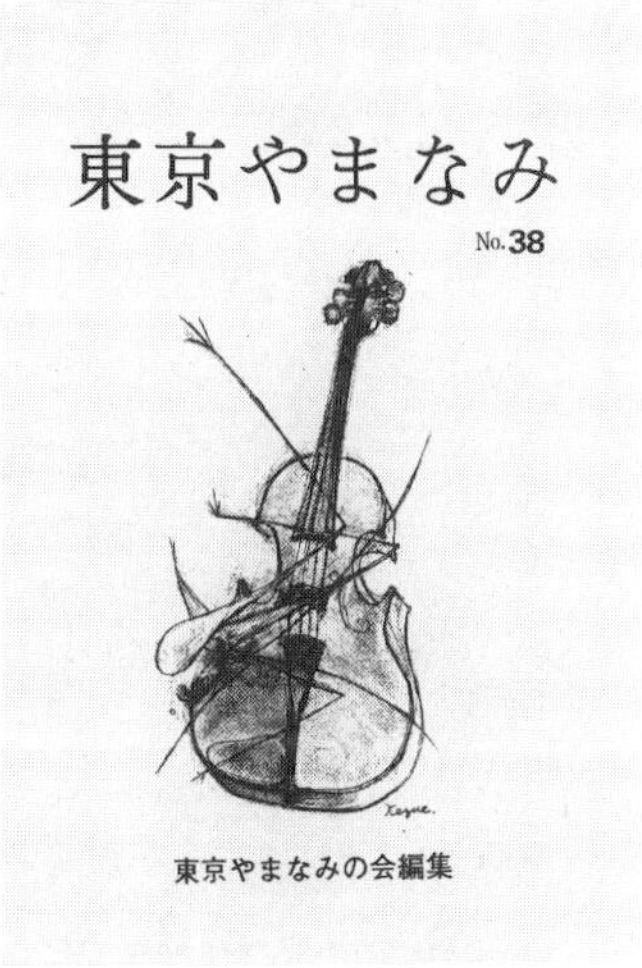

組は、プロ野球中継が延長となったため予約していた時間に放映されず、前半の半分くらいしか録画されていなかった。今考えるとひどい話であるが、あのころはこういうことがよくあった。

この番組を見ると、上海を訪れた芥川に魯迅を紹介したのが平山一郎だというのである。日中の超大物二人を引き合わせたのが「兵六」の初代亭主なのだ。そのときの光景を想像しただけで、頭に血が上って鼻血が出そうになる。魯迅と芥川龍之介、恐るべし当時の上海である。そして、そこに初代がいた！

一九二八（昭和三）年には、この芥川にすすめられて横光利一《としかず》（一八九八～一九四七）が上海を訪れている。「小説の神様」とも称された横光は、この一か月ほどの滞在をもとにして、最初の長編小説である『上海』を書いている。

横光は、初代と東亜同文書院大学での学友であり、親友であった今鷹瓊《けい》太《た》郎《ろう》[4]が卒業した三重県第三中学高（現・県立上野高校）の一年先輩で、今鷹を訪ねて上海に渡ったという。この今鷹の

「兵六」にも飾られている魯迅《ろじん》の写真

紹介で、初代は横光利一とも出会っている。

尾崎秀実《ほつみ》との出会い

一九二三（大正一二）年に東亜同文書院大学を卒業した初代は、一年間、志願兵として「熊本十三連隊」に入隊した。かつては日清・日露戦争に従軍したこの連隊は「歩兵第十三聯隊」とも呼ばれていた。士官（将校）の最下級である主計少尉で退役後、再び上海へ渡った。そして、〈朝日新聞〉の上海支局で原稿取りなどのアルバイトをしていたときに、共産主義者のジャーナリストである尾崎秀実（一九〇一～一九四四）と出会っている。

それから一〇年、一九三五（昭和一〇）年に結婚した初代であるが、上海の自宅に初めて招いた友人が尾崎秀美であり、スキヤキをつくってもてなしたという。このエピソードは、以前からよく聞かされていたが、歴史に疎い私は、尾崎秀美の名も「ゾルゲ事件」についてもまったく知らなかった。おそらく、私以降の世代は、よほどの歴史好きか勉強熱心な人でなければ知らないであろう。それを証明するように、二〇〇三年、篠田正浩監督の引退作として公開された『スパ

（4）現在も「兵六」に掲げられている魯迅の詩を書いた人。

イ・ゾルゲ』（イアン・グレン、本木雅弘主演）も今ひとつヒットしなかったという。

一九四一年九月から翌年の六月にかけて、日本政府の政治や軍事の機密などをソ連に通報した容疑で、ドイツ人のリヒャルト・ゾルゲ（Рихард Зорге, 1895〜1944）と尾崎秀美《ほつみ》らを中心とした諜報組織が逮捕されたという事件である。そして、ゾルゲと尾崎は処刑されている。知らなかった私が言うのもなんだが、忘れ去られてしまってはいけない事件である。この反省のもと、『ゾルゲ事件とは何か』（チャルマーズ・ジョンソン／篠塚務訳、岩波現代文庫、二〇一三年）を読んでみた。

映画『スパイ・ゾルゲ』のパンフレット

この本によれば、戦時中、尾崎は「極悪の売国奴」とされていたが、敗戦後には「反戦の愛国者」とか「鉄のコミュニスト」と呼ばれて賛辞されている。もっとも国を愛していたから、尾崎は国を売ったようだ。どうやら、私利私欲のためにスパイをしていたわけではなさそうだ。

初代を通して知る歴史の一ページ、勉強不足を思い知ることになったが、本書を執筆するという機会が私に大いなる刺激を与えてくれた。もちろん、『ゾルゲ事件とは何か』以外にも関係書物がたくさん出版されている。ご興味のある方は、神保町の書店や古書店で購入して読んでいただきたい。

いずれにしろ、初代と帝大出身の尾崎秀美は、年齢も近かったこともあり、意気投合するのに時間はかからなかったと思われる。それゆえだろうか、その後、初代は『中国の赤い星（上・下）』（松岡洋子訳、筑摩学芸文庫、一九九五年）や『アジアの戦争』（森谷巌訳、筑摩叢書、一九八八年）といった作品で知られるエドガー・スノー（Edgar Snow, 1905～1972）や、アメリカの女性ジャーナリストで、中国大陸の近代事情、とくに中国共産党に関する著作で知られるアグネス・スメドレー（Agnes Smedley, 1892～1950）とも出会い、当時は発禁となっていた二人の本を隠れて読んでいたという。それらの本は、自宅の風呂場の奥に隠していたと聞いている。

亀井秀子と結婚

少し時計を巻き戻すことにする。初代が上海に渡った一九二〇（大正九）年ころ、そこには「極東一」と謳われたプロのオーケストラがあった。「工部局交響楽隊」、のちの「上海交響楽団」であるが、毎週日曜日、「上海の銀座」とでも呼ぶべき「南京路」にあった「タウンホール」という名称の公会堂で、午後五時から七時までたっぷり二時間演奏を聴かせてくれたそうだ。

鹿児島にいたころ、ベートーベンやモーツアルトの名前だけは知っていた初代だが、彼らの曲を聴いたことはなかった。そこで、日曜日ごとに出掛けてはプロの演奏を堪能していたという。無料であったため、貧乏学生にとってはありがたい話であっただろう。

このオーケストラは、七月と八月には夜の九時から一一時まで野外公演を行っていた。上海の西側に位置するジェスフィールド公園（現・中山公園）の野外音楽堂ですることが多かったが、この会場は周囲が深い杉林で囲まれ、外部から届く雑音を完全に遮断していた。緩い傾斜があり、一面に芝生が敷かれていた。

客席の代わりとして、豪華客船のデッキでよく見かけるキャンバスの椅子が並べられており、聴衆はこのデッキチェアーに長々と寝そべり、夜半の涼しい風に頬をなぶらせながら、真夏の夜風に輝く星屑を愛でつつ音楽が聴けるという仕組みになっていた。現在の「夏フェス」、いや、いつぞやかテレビで見たドイツの森林コンサートのようで、実に優雅であり、平和を感じさせる美しい光景である。

東亜同文書院大学に通っていた時代、初代は先に紹介した今鷹瓊《けい》太郎《たろう》と関二郎という友人とともに音楽サークルをつくっていた。関の奥さんであるキクノが、のちに初代と結婚することになる亀井秀子の親友であった。

亀井秀子は一九一一（明治四四）年に函館で生まれた。裕福な家だったようで、少女期には日本舞踊や長唄などを習っていた。親戚には、文芸評論や文明批評で活躍した亀井勝一郎（一九〇七〜一九六六）がいる。

見合いで結婚したキクノは、その後も夫妻で亀井家に遊びに来ていた。あるとき、写真を持参したのだが、それが平山一郎だった。すでに尾崎秀美《ほつみ》と親しかった初代の友人たちは、「誰か、白無垢のような純真な人がそばにいないとアカに走るぞ」と心配していた。「白無垢のような純真な人」として、白羽の矢が立ったのが秀子であった。

秀子は、函館での少女期、春になると家族ぐるみの付き合いだったキクノとリリー（すずらん）摘みなどに行ったそうだが、まさしく「リリー」のような女性であった。小さくて控えめな白い花は、優しく首をもたげ、実に清楚である。身体の小さな秀子は、まさにその化身のように感じられた。

1993年、「兵六」45周年記念のときに写した平山秀子（撮影：置田和弘）

調べたところ、花言葉が「純粋」とか「純潔」というようだが、文字どおり「白無垢」のような人に白羽の矢が立ったことになる。「兵六」で私が一緒に働いていたころの伯母秀子は八四歳くらいだった思うが、年齢にかかわらず、その光は衰えることなく白く輝いていた。

前述したように、結婚後、すぐに家へ招いたのが尾崎秀美《ほつみ》だった。初代は秀子に、「今日は大事なお客さんが来るんだ、よくやってくれよ」と言ったという。秀子も、ゾルゲ事件のことは何も知らなかった。尾崎のほうも、このとき思想的な話は一切しなかったという。

のちに初代は、尾崎のことを「尊敬できる人だった」と語っている。秀子にしてみれば、折り目正しい尊敬すべき紳士でしかなかったのだろう。しかし、南京路では、無政府主義者や共産主義者を取り締まることを目的とした日本の秘密警察「特別高等警察（特高）」の尾行が初代にもついていたという。

初代と尾崎秀美との間でどのような会話が交わされていたのだろうか。一切記録がないし、その話を初代に尋ねたとしても、何も話さなかったろう。「大事なお客さん」であった人物が処刑される。そのとき、どのように感じたのだろうか。私には想像が及ばない。

確かに、時代は違う。だが、そんな大昔でもないのだ。身近にいた親戚が体験した時代のことである。どんな想いで戦後の日本を生き抜いてきたのか……考えるだけで胸が苦しくなる。

終戦、そして引き揚げ

伯母秀子から聞いた函館と上海の思い出は、どれも美しいものばかりである。子どものころには蓄音機があったと言うし、当時、亀井家ではちゃんとしたレコードでクラッシック音楽を聴いていたようである。初代の記憶が確かであるなら、ベートーベンやモーツアルトの全編録音が日本のレコード会社から発売されたのは昭和になってからである。となると、亀井家には外国から取り寄せたレコードがあったことになる。

音楽好きの秀子は、毎週日曜日には初代とコンサートへ出掛けていた。二人で行くとき、「コンサートへ行くときは身だしなみが大事なんだ」と言って着ていく服にもこだわったほか、必ず車を呼んで、それに乗って出掛けていたという。

その後も、二人はずっと服にはこだわっていた。戦後、引き揚げたあとも、初代は秀子にたくさんの帽子を買い与えている。事実、二人とも上海では常に帽子をかぶっていた。そういえば、映画『スパイ・ゾルゲ』でも、尾崎秀美《ほつみ》役の本木雅弘は常に帽子をかぶっていた。初代もあのような感じだったのかもしれない。

上海内山書店、写真は魯迅逝去の日に写す（1936年10月）
（提供：内山書店）

上海最大の繁華街「南京路」（1930年代）

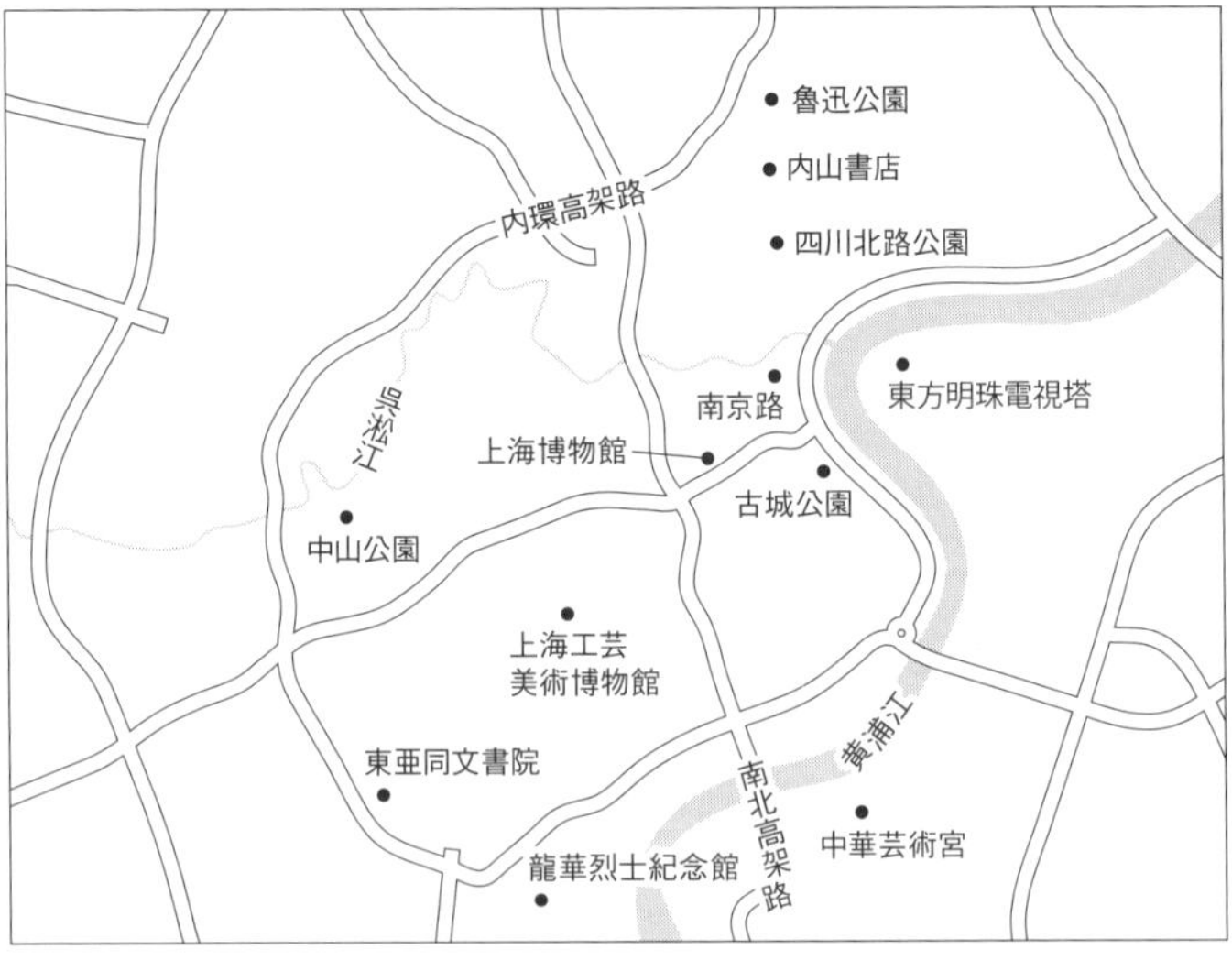

（＊）現在の地図をもとにして、得られた情報から作成。

暇さえあれば初代は内山書店に入り浸っていたのだが、その内山書店は新居の近くにあったという。店内の一部がサロンとなっており、魯迅《ろじん》を中心に、中国からは有名無名を問わずたくさんの志士たちが集まっていた。日本からも、芥川龍之介、谷崎潤一郎、佐藤春夫、菊池寛、横光利一などがこのサロンに足を運んでいる。

　このサロンは「文芸漫談会」と呼ばれていたようだ。初代は自著『神田村・兵六亭』に「漫談の上手な」（一三九ページ）内山完造と記しているが、内山によって会が穏やかで楽しいものになっていたという意味だろう。そこには、古ぼけた籐のテーブルとお粗末な籐の椅子しかなかったようだが、その椅子にアイルランドの文学者であるバーナード・ショウ（George Bernard Shaw, 1856～1950）が座っている様子を初代は見ているし、エドガー・スノーやアグネス・スメドレーと出会えたのもこの椅子であった。

　何よりも、毎日のように魯迅から直接教えを乞えたことが

上海時代の平山一家、左から一郎、シゲ子、俊一、秀子、邦枝（現「兵六」のオーナー）

代えがたい時間であったと思われる。だが、このような美しい思い出がプツリとここで終わることになる。

一九四五（昭和二〇）年八月、終戦のとき、伯母秀子は第四子を身ごもっていた。初代が働いていた工部局職員の家族だけが満州に疎開できると言われたが、初代は上海に残らなければならない。秀子が次のように言う。

「お父さんをおいて私は行きません」

「万一のときは、お前たちをピストルで撃たねばならなくなる。それでもいいのか」

「死ぬときはみんな一緒です。満州には行きません」

さすがの初代も、目に涙を浮かべ、

「分かった、その決心なら……」

と、まさに決死の覚悟だった（かつて聞いた話をもとに筆者がアレンジ）。

そして、一九四六（昭和二一）年五月、舞鶴港に戻ってきた。機雷があったために船が思うように進まず、一週間くらいかかったという。生まれたばかりの三女を含む家族六人での引き揚げ、苦労が多かったことだろう。しかし、あのとき満州に疎開していたら、家族六人が揃うことはなかったのかもしれない。

東京での暮らし——武士の商法

帰国後、鹿児島に戻ったが、仕事はなかった。東京へ行けばなんとかなるかもしれないと思い、上海時代のつてを頼りに東京・練馬に部屋を借りて住むことになった。中国語のみならず英語も話せるので通訳の仕事は入るが、「敵国の手伝いをするのは嫌だ」と言って断っていた。

ある日、裁判所から「中国人といざこざがあって困るので、通訳をやってくれ」という仕事が舞い込んだ。「中国人のためになるなら……」と言って出掛けていったが、あまりにも気の毒で、「そんな話は通訳できない」と言って数日で断っている。

しばらくして、現在「兵六」がある場所で「平山書房」という本の卸売りをはじめることにした。上海時代に遊びに来てくれていた読売新聞の支局長が本社に戻っていたのだが、その人のすすめではじめたという。最初のころはよく売れたようだが、そのうち借金取りばかりが来るようになったほか、取引業者に金を持ち逃げされたりして見事に倒産。

かき氷を売った、ミルクホールをやった、コーヒー、カレーライス、タンメン……何をやってもダメだった。かき氷を売ることにした初日、初めて店に入ってきた若い男に「氷あずきをください」を言われた伯母秀子は、「いらっしゃいませ」が言えずに、「あぁどうしよう、怖い」と言って奥へ逃げてしまったという。

こんな調子だから、実のところ居酒屋「兵六」がいつごろ誕生したのかは定かではない。同じように、どうせ長くは続かないだろうと思っていたのかもしれない。

一九四八（昭和二三）年ごろ、「焼酎を売ってはどうか……」と知り合いに言われ、カウンターを入れてもらうことになった。だが、初代も「いらっしゃい」が言えなかった。「お客にはいらっしゃいませ、と言うもんだろう」と言われても「嫌だ」と答え、問答になってしまったという。そして、腹を立てて、自分が酒をガブガブと飲んで荒れてしまったという。酔っ払って、そのまま寝込んでしまうこともあったようだ。

開店当初の「兵六」

この二人の辞書に、「客商売」という単語がなかったのかもしれない。想像することもできないが、当時どんな想いをしていたのだろうか。酔いつぶれても悪い夢が覚めるわけではない。酔いが覚めて見上げる「兵六」の天井に映るのは、上海のコンサートで見上げた夏の星空だったのだろうか……。しかし、美しく、楽しい日々が戻ってくることはなかった。

プライドばかりが高い士族の長男、勉強はできる、一時は死の覚悟もした。終戦直後の東京で、難しい理屈などは何の役にも立たない。家族六人なんとか生きていかねば……初代平山一郎にとって、「商売」とはかくも難しいものであった。

上海時代、秀子は平山一郎を共産主義者（アカ）には走らせなかった。白無垢のような純真さで初代を包み、少なくとも逮捕されることはなかった。秀子と子どもたちの存在は、初代にとって、想像以上に重要な位置を占めていたのではないかと推測する。

そんな大事な家族がいるにもかかわらず、酒におぼれ、荒れるまで酔いつぶれるようになってしまったのは、想像を絶するだけの体験を経てきたからかもしれない。人種の坩堝《るつぼ》だった上海で、何を見、何を聞いたのだろうか。黙して語りたがらなかったのは、辛い出来事が多かったせいなのだろう。

それでも、魯迅《ろじん》との出会いが光明となった。

東亜同文書院大学の同期であった今鷹に、「主人が荒れて困っています」と伯母の秀子は手紙を書いている。この手紙を受け取った今鷹が送ってきたのが、現在でも店に掲げてある魯迅の詩である。

横眉冷對千
夫指俯首甘
為孺子牛

この色紙を受け取った初代、初めて心の眼が開いたという。

この漢詩の意味が、次章で紹介する「兵六憲法閑話」に書いてあるので紹介したい。

「千夫の指は沢山の論敵よりの非難とでも解す可く、敵に対しては眉を挙げ恐い顔をして冷やかにあしらつてやり絶対に屈しないが、孺子即ち子供はこゝでは人民大衆を意味し、人民の為には首を伏せ低い姿勢をして甘んじて牛になつてでも服務致しませう位の意でせうか」（一五ページ）

権力者が私利私欲を貪り、民衆が苦しんだ時代背景が、この漢詩のバックボーンにあるように思う。現代の中国政府や大きな権力を手にした人たちにこそ聞かせたい詩である。「兵六」では、店内に掲げてある額はほとんど配置換えをしていないのだが、この魯迅《ろじん》の漢詩と肖像写真は亭主の定位置から常に見えるところにある。はっきりと聞いたわけではないから定かではないが、常にこの詩を旨とし、忘れないように訴えているのではないかと推測している。

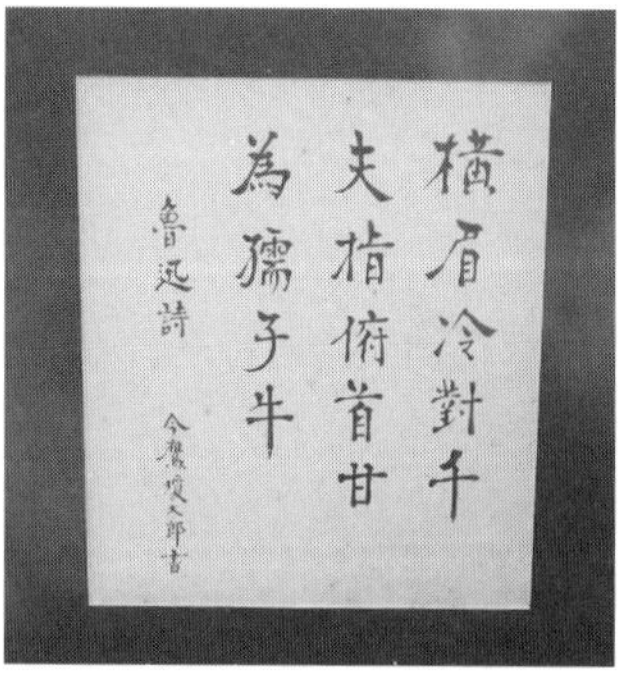

今鷹が書いた魯迅の詩

第2章　「兵六憲法」の制定前夜

昭森社——森谷均《もりやひとし》

魯迅《ろじん》の詩を親友に送られてから目が覚めた平山一郎ではあるが、それだけで「兵六」が名店となり、初代が「名亭主」になったかと言えばそうではない。あるとき、薩摩藩城下侍の嫡男たる矜持《きょうじ》を蘇らせたのである。その誇りを思い出させ、「兵六」と初代を名店・名亭主たらしめたものはいったい何であろうか。

「兵六」が開店して間もないころ、平山一郎は酔って荒れてばかりいたという話は先に書いた。なんとか生活するためにはじめた商売であるが、妻の秀子は家に置いてきた四人の子どもたちが心配でたまらない。末の娘はまだ五歳でしかない。ある日など、仕方なく子どもたちを店に連れてきたものの、初代が酔っ払ってそのまま寝込んでしまったので、子どもを抱いたまま店で夜を明かしたこともあったという。

酒を呑んでは荒れることが度重なり、秀子はオロオロと困り果てるという日々が続いた。子どもたちのことが心配になって初代に話しても、「そんなこと言うなら帰れ！　帰れ！」というように取りあってくれなかった。まさか、酔った夫を残して帰るわけにもいかない。ほとほと困って秀子は、森谷均《もりやひとし》のところへ相談に行くことにした。すぐ近くにあった出版社「昭森社」の社長である。

現在、喫茶店「ミロンガ」のある建物の二階にあった昭森社は、一九三五（昭和一〇）年に東京・京橋で創業し、特装本や美術書を中心に出版活動を行ってきた。戦後になってから神保町に移り、一九四六年に総合雑誌「思潮」、一九六一年に「本の手帖」を創刊している。作家、詩人たちとの交流が深かったが、森谷の後を継いだ大村達子の時代、一九九一年ころに廃業している。

かつて「ミロンガ」の２階に昭森社はあった

創業者である森谷均（一八九七～一九六九）は岡山県の生まれである。『司馬遷』や『ひかりごけ』といった作品で有名な小説家の武田泰淳《たいじゅん》（一九一二～一九七六）は、森谷の風貌と人柄から「神田のバルザック」と呼んでいたそうだ。平山書房をやっていたころから交流があり、よくお世話になっていたという。

現在も「兵六」の店内に掲げられている林芙美子（一九〇三～一九五一）や吉屋信子（一八九六～一九七三）の色紙は、開店間もなく、お客のいない「兵六」に森谷がさまざまな作家を連れてきてくれ、そのときに書いてもらったものである。

「森谷さん、またはじまったの……」

「また……」というくらいだから、いつも森谷に泣きついていたのだろう。それにしても、森谷は面倒見のいい人物であったようだ。「神田のバルザック」はすぐに腰を上げ、「兵六」に出向いた。酔いつぶれている平山に向かって、森谷は次のように言っている。

「ダメじゃないか。可哀想に……奥さんは子どもを置いて、こうやって手伝っているんだ。辛いのはあなただけじゃない。そんなに呑んで、酔っ払っていちゃダメだ」

このような苦言を、いったい何度言われたのだろうか。想像もできないほどの回数であったと思うが、森谷がさまざまな作家を連れてくると初代の機嫌がかなりよくなったと聞いているので、森谷の言うことにはちゃんと耳を傾けていたのではないかと思われる。

林芙美子の色紙について述べておこう。亡くなる直前、林は目立たない和服姿で店に寄ったという。そのときに書いてくれたのが写真の色紙である。

花のいのちは
みじかくて
苦しきことのみ
多かりき

伯母の秀子は、この色紙をことのほか大切にしていた。

蝶よ、花よ、と大事に育てられた函館での少女時代、楽しくも美しい幸福な上海時代、そして終戦を迎え、必死の思いで家族六人とともに中国から引き揚げて、慣れない商売をはじめた。しかし、酒に溺れて荒れる亭主、自宅に残している子どもたちが心配でならない……。リリーのように白く可憐な秀子は、暗くしおれたように頭をもたげていたことであろう。そんなときにこの色紙を書いてもらったのだ。この詩がどれほど心に響いたか、想像にあまりある。

初代の死後、あるインタビューに対して秀子は次のように答えている。

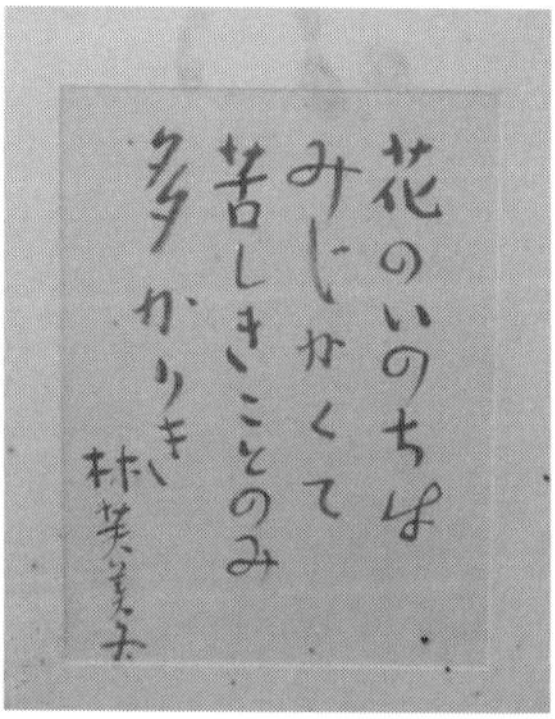

林芙美子直筆の色紙

> 敗戦で生活がガラッと変り、背に腹は替（ママ）えられぬ思いで我慢に我慢をし、耐えに耐えて来られたのも子供が居たから出来た事だと思います。
> 主人はあの通りの一本気で不器用な人でしたから、新しい環境に慣れるのに随分苦しんで居りました。そういう姿を側で見ていると、女の方が環境に順応し易いのかなァと思ったりもしました。（兵六亭五十周年記念刊行会編発行『兵六亭——神田辺りで呑んだ』六〇ページ）

小さく弱々しく見える北海道のリリーだが、実は雪解けの春を待つという強さを秘めている。北海道の女性である秀子もまた、リリー同様の強さを内に秘めていたのだろう。とはいえ、平山一郎・秀子夫婦の雪解けはいつまで待つことになったのだろうか。そして、居酒屋「兵六」に春は訪れたのだろうか。

内山書店——内山完造

上海にあった内山書店の内山夫妻に、初代は東亜同文書院大学に入学したころから大変世話になっていた。初代は現役合格を果たして海を渡ったわけだが、浪人してこの学校に入学する者も多く、寄宿舎内にはさまざまな年齢の人がいた。これらの人との付き合いにおいて初代は、自分が世間知らずの甘ちゃんで、勉強不足であるということを思い知らされることになった。それが理由で多くの本を読むようになったわけだが、先輩に連れられて何気なくのぞいてみたのが近所にあった内山書店である。

初めて異国に来て一、二か月、そろそろホームシックにかかろうかというころだった初代は、二階から下りてきた「上品なおばさん」に丁寧に挨拶され、初対面にもかかわらず緑茶でもてなしてくれたことにいたく感激した。

当時は一八歳くらいだったはずだ。遠く上海の地で心細くなっていたであろうが、それを表情に出すのは「男がすたる」と強がっていたことだろう。そんな心情のところに優しい応対を受け、子どものように嬉しくなってしまったようだ。その後、内山書店の常連になって入り浸り、魯迅《ろじん》をはじめとして、さまざまな人と交流をもつことになったことは前章で述べたとおりである。

内山書店のサロンには、簡素な籐製のテーブルと椅子が並べてあった。ここに、多くの文人たちが集まって交流をもったわけだが、いつからか誰もが自由に集まって自由に語りあえる場となり、やがて「文芸漫談会」と呼ばれるようになったという（二五ページ参照）。ここで言う「漫談」とは、スタンダップコメディーなどの漫談ではなく、「楽しく自由に談笑できる」というニュアンスを含んだものではないかと思われる。

内山夫妻と魯迅との交流を描いた戯曲が、井上ひさし作の『シャンハイムーン』である。第二七回「谷崎潤一郎賞」を受賞したこの作品は、一九九一年に初演されている。日本を憎みながらも日本人を愛した中国人作家である魯迅と、彼を敬い匿った日本人たちの、一九三四年のある一か月間を描いた緻密な「せりふ劇」である。残念ながら、初代はこの芝居を観ることはかなわなかったが、三代目の私は二〇一八年（二月一八日～三月一一日）に観劇をしている。

主催したのは「こまつ座」と「世田谷パブリックシアター」、演出は栗山民也、そして主演は野村萬斎（魯迅）と広末涼子（許広平）であった。そして、内山夫妻を辻萬長と鷲尾真知子が演じていたのだが、お茶を出すシーンを見るだけで何となく可笑しみを感じてしまった。初代にも、そのようにお茶を出してくれたのかもしれない。

参考までに、この戯曲は集英社から出版されている（一九九一年）ので、ご興味にある方は読んでいただきたい。本のなかでも内山夫妻は、なかなかユーモアがあり、優しく穏やかで、それでいて芯の通った人物として描かれていることだけは紹介しておこう。

『シャンハイムーン』のチラシ

終戦後、「兵六」を開店してすぐに内山完造が店に来てくれている。秀子はそのときのことを鮮明に覚えているようで、「おっしゃってくださった言葉も、一言一句明瞭に覚えている」と言っていた。

まず内山は、初代に向かって次のように言った。

「平山さん、よく決心がつきましたね。商売は大々的にやると戦争とか革命のときに狙われやすいけど、民衆のための小さな居酒屋は永久になくならない。細々でいいから頑張りなさい」

内山完造（1885〜1959）

二〇二〇年から二〇二一年のコロナ禍において、内山の言葉は時代を超えて重く響く。「小さな居酒屋は永久になくならない」のだ。

また、「民衆」という言葉がここに出てくる。魯迅《ろじん》の詩の一節である、「眉を横たえて冷やかに対す千夫の指、首を俯して甘んじて孺子《じゅし》の牛となる」の「孺子」と同じと考えてよいだろう。発する言葉にも魯迅との結びつきがうかがえる。

内山はお酒を呑むつもりで来たわけではないようで、「兵六」の椅子に腰かけようとはしなかった。すでにお酒を呑んでいる人たちへの敬意の現れだったのだろう、立ったままお茶を飲んで、秀子のほうを振り返って言葉を発した。


自分が上海で書店を始めた当初は家内と二人だけの小さな店でした。売る本も無かったので聖書を並べて、店は家内に任せ、私は大学目薬と仁丹を持って行商に出掛けたものです。商売は最初は大変ですが、辛抱なさい。上海で幸福な生活が出来たのは御主人のお陰ですから、今度は奥さん、あなたが頑張る番ですね。（前掲『兵六亭』五四ページ）

現在の「兵六」は建て直したものだが、敷地は同じである。この場所の、どのあたりに内山が立って、このような言葉を発したのだろうか……。営業中、ふと考えてしまうことがある。あれから七〇年、重みのある内山の言葉はこの地に焼き付いて今も残っているようだ。それは、細々と続いている「兵六」という店が証明している。

秀子も、この言葉どおり、頑張って初代を支え続けた。そして、初代の死後も、九〇歳を超えてもなお厨房で料理をつくり続けた。

鹿児島焼酎と餃子

平山書房を締めてから、ミルクホールをやったり、かき氷を売ってしのいだ時期を経て、カウンターを入れて焼酎をお客さんに出すようになったのは、当時の鹿児島県知事で、鹿児島一中の同窓生だった寺園勝志《かつし》（一九〇一〜一九九八）からのアドバイスによるものだった。私は「同級生だった」と聞いていたが、ネットで調べてみると寺園のほうが少し年齢が上であった。同級生ではなかったのか、またはなにがしかの事情で同学年になったのか、その点については定かではない。

現在でこそ通《つう》に好まれている芋焼酎であるが、戦後すぐの東京では誰も呑んでいなかった。そんな環境のなか、本格焼酎を東京で広めてほしいと初代に託した寺園は、郷土愛が強いうえに「先見の明」があったと言える。

現在までに「焼酎ブーム」は三回あったと言われている。一九七〇年代後半の「お湯割りブーム」、一九八〇年代前半の「酎ハイブーム」、そして、二〇〇〇年代前半からの「本格焼酎ブーム」である。初めて焼酎に脚光が浴びせられた一九七〇年代後半から先駆けること二〇年、本格焼酎ブームに至っては五〇年も昔となる。もちろん、初代だけではなく、地道に普及していった先人たちの努力の賜である。

前述したように、屋号である「兵六」は、鹿児島の人なら誰でも知っている「大石兵六夢物語」からとっている。それゆえ、鹿児島の人であればピンと来る。

「この店は同郷の人がやっている店で、芋焼酎が呑めるにちがいない」

当時、さまざまな事情で故郷を離れ、東京で仕事をしているという人があふれていたことだろう。初代の家族は、幸い家族六人が離れ離れになることなく一緒に暮らしていたが、家族を郷里に置いて、職を求めるために一人で東京に来ていた人が多かったにちがいない。そのような状況において、鹿児島県人が「兵六」と書いてある提灯を見つけたときの想いを想像すると胸が苦しくなる。「兵六」という名前の店で芋焼酎が呑める――それだけで、東京にいた鹿児島出身の人々を少しでも元気づけることができたのではないだろうか。

とはいえ、それだけでは商売を続けることはできなかっただろう。つまり、鹿児島の人が来てくれるだけでは到底黒字になるとは思えないということだ。黒字なんて夢のまた夢、それこそ「神保町兵六夢物語」である。

そこで初代が思いついたのが、東亜同文書院大学の後輩が東京・有楽町でやっていた「思いつきの店」という名前の店で出していた餃子のつくり方を教えてもらうことだった。

先輩後輩という間柄であっても、そんな図々しい願いが簡単に聞き入れられるわけではない。

それを快く教えてくださった阿部弘さんの存在なくして、今の「兵六」はありえない。また、「食べログ」などで評判を聞きつけて来る現在のお客さんも、「兵六」の餃子にありつけなかったことになる。

戦後すぐの日本、お互いに助け合うという気風があったのだろうか、阿部さん自身も、「思いつきの店」は戦友のお母さんから譲り受けたものであった。

阿部さんが教えた餃子は「兵六」だけにとどまっていない。同じく東亜同文書院大学の同窓生にも教えていたようで、北区赤羽で長らく営業していた「杏花村」のほか、同期の人にも教えて中華店をやっていたという。「兵六」の餃子と同じ味のものが都内に何軒かあったというのも面白い話だが、今は「兵六」だけになってしまっている。

後輩に教えてもらった「兵六」の餃子

餃子のほかに、「炒豆腐」、「炒菜」、「炒麵」といった中華メニューの品書きが今でも「兵六」の壁に並んでいるが、これらはみな、上海時代に親しんできた味を伯母の秀子が自分のものにして出しはじめたものである。実は、「これらのメニューを出すようになってお客さんがたくさん来るようになった」と、子どものころに私は両親から聞かされている。それにしても、本格焼酎と餃子、果たして合うのだろうか？

結論から言えば、これは「合う！」。餃子と言えば、一般的にはビールとなろう。現に、店に初めて来られたお客さんであれば、「ビール」と言ったあとに「餃子を」と付け加える場合が多い。しかし、ビールよりも焼酎のほうが安いのだ。かつて初代は、ビールを頼んだ学生相手に怒ったとも言う。「学生のクセに、ビールは贅沢だ」と。

理不尽な話だが、このようなことを繰り返して餃子と芋焼酎をオーダーする人ばかりになっていったのかもしれない。七〇年が過ぎた今も、それは変わらない。だから、「兵六」で餃子を食べたいなら、「さつま無双」を飲みながら食べるべきである。安心してほしい。これがベストマッチなのは、七〇年という時間が証明している。

「さつま無双」と「餃子」はベストマッチ、と語る3代目の筆者。後ろに中華メニューが見える

山脈《やまなみ》の会

以前の「兵六」のことを知るために、「山脈の会」というサークルが発行している会報を見た。小さな居酒屋としては異例なことだが、夥しい量の、会員の方々の思い出話や当時の記録、果ては「兵六」亭主のインタビューや「平山一郎　追悼特集」といったものまでが掲載されている（一五ページ参照）。この「山脈の会」は、文芸評論家であった白鳥邦夫（一九二八～二〇〇二）が松本高校在学中に、無名の人たちが昭和史を記録するためにつくったサークルである。

「兵六」と「山脈の会」との縁は、白鳥が東大文学部の在学時、九段にあった学生会館の住人たちとともに「兵六」に来るようになったことからスタートしている。

学生会館の学生たちが店に来ると、初代はとても機嫌がよかった。上海での学生生活は彼らと同じく寮生活であり、贅沢ができないので近所の酒屋で安い老酒《ラオチュウ》を呑んでいた。彼らを見ていると、そのころのことを思い出して嬉しくなったようだ。とても楽しい気分になって、飲んでも荒れないから伯母秀子はとても助かっていたという。伯母のこの言葉を聞くと、初代がいかに繊細で弱かったのか……と思ってしまう。名亭主とはほど遠い、その姿に驚いてしまう。

そんな初代でも、当時の白鳥をはじめとする学生会館の学生たち、その後に続く「山脈の会」

の人たちには慕われたようだ。当時のことを白鳥は、先に紹介した『兵六亭五十周年記念出版兵六亭　神田辺りで呑んだ』に次のように寄稿してくれている。

――神田は本屋街、古本屋も軒をならべていて、一日一回は書店めぐりをして、その時折りに兵六に寄るという、その精神の労働の贅沢なこと！（二三〇ページ）

学生会館の近くに神保町があり、「兵六」があるというのも理由だろう。書店をめぐってから「兵六」で呑む、これがセットになっていたと思われる。

「私がはじめて東京は神田『兵六』へ行ったのはいつだったろうか。昭和二十六年（一九五一年）の秋だと思うけれど、正確な日時は憶いだせない」（前掲書、二二九ページ）と白鳥は記している。そのころの「兵六」では、「百円札一枚で、餃了一皿と鹿児島焼酎一合を土瓶《どびん》（柄のある容器）で飲むことができ」

兵六亭五十周年記念刊行会編集発行、1999年

（前掲書、二三一ページ）たようだ。寮住まいの貧しい学生だったし、アルバイトの日当が二〇〇円ほどだったので、この百円札一枚の呑み食らいが定量だったとも言う。

それは貧乏学生にかぎらない。年輩の職人さんも、江戸っ子の風情を漂わせる若者も、百円札一枚でいっとき焼酎と餃子を味わうと、あっさりと帰っていったという。そこには、のちに「社用族」と呼ばれるような人たちはおらず、初代のことを慕って集まって来るといった人たちばかりであった。それは、白鳥が言う次の言葉が証明している。

「主客ともに寡黙で、友情に似た静謐な空気があって、だからここで、酔って大声をあげる人を見たことがありません」（前掲書、二三二ページ）

1946年から1956年まで使われていた百円札

生粋の江戸っ子も、「兵六」で焼酎の味を知ることになった。そのよさを知るとともに、それを東京にもたらした初代とも通じる「何か」を感じたのかもしれない。いずれにしろ、多くの人たちに慕われ、理解され、足しげく通ってもらうようになって、荒《すさ》んでいた初代の心も平穏さを徐々に取り戻し、薩摩士族としての誇りや矜持《きょうじ》を取り戻していったものと思われる。

その後、一九四八年に全日本学生自治会総連合、俗に言う「全学連」が結成されてから学生運動が盛んになっていったわけだが、その時代には警察から追われた学生が「兵六」に逃げ込んできて、匿ったこともあるという。魯迅《ろじん》と内山書店の関係にも似ているし、尾崎秀実《ほつみ》とともに特高の尾行がついた上海時代にも通じるものである。若い学生たちにとって初代は、権力に追われても屈しない「伝説の男」に見えていたのかもしれない。

一方、権力側である警察官にも「兵六」と初代のファンが多かった。鹿児島出身のとある警視総監は、予約を取ってくれない「兵六」へ行くために、開店時に若い警官を派遣して席を確保させ、あとからその席に座って焼酎を呑んでいた。誰であろうと特別扱いはしないという「兵六」の方針、それでも「兵六」で焼酎を呑みたかった警視総監。戦争に敗けていなければ政府の中枢にいたかもしれない人物が経営する小さな居酒屋に、警視総監が足を運んだのだ。芋焼酎を通して感じる鹿児島県人の気概、とでも言えるようなものではなかっただろうか。

そんな気概が活字として現れることになった。

一九七三年一二月、「兵六」の開店二五周年を記念して「兵六憲法閑話」（平山一郎著）という冊子をつくってお客さんたちに配った。これをつくるために尽力してくれたのが、先に紹介した「山脈《やまなみ》の会」である。この冊子を読むと、七〇歳を超えた初代を慕う人々に囲まれて、楽しくてしょうがないといったような雰囲気が伝わってくる。

あまり多くを語ることをヨシとしなかった初代が、「山脈の会」の若い人々に「お願いします!」とせがまれて、重い腰を上げてこの冊子をつくったような気がしてならない。酒を浴びるように呑み、荒れては秀子を心配させていた初代の姿は、いつの間にか消えていった。

先に紹介した「眉を横たえて冷やかに対す千夫の指、首を俯して甘んじて孺子の牛となる」(三〇ページ参照)のごとく、「兵

1981年に撮影された平山一郎

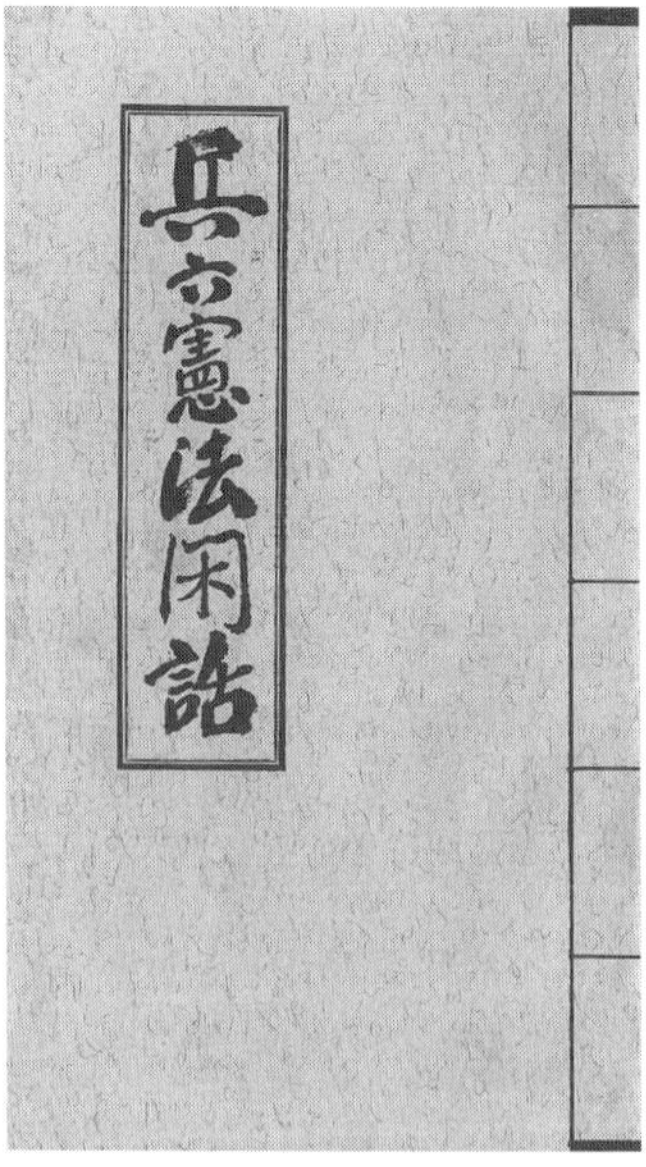

「兵六憲法閑話」の表紙

六」にも無邪気な子どもたちが初代を慕って集まるようになった。そして、そこには、有名な人もいれば無名の人もたくさん集うようになった。有名な人も「兵六」という背中の上では無名の子どもになり、安心してその背に乗っている。

また、乗せている「兵六」のほうも、この子どもたちのおかげで誇りと強さを取り戻すことができた。たくさんの子どもたち、初代を「オヤジさん」と慕う多くのお客さんたちによって救われたと言える。このような感謝の気持ち、現在においても常にもち続けていなければならないと、私は強く思っている。

さて、「兵六憲法」とはどういうものか、詳しく説明していこう。

この言葉は現在でも一人歩きしており、「独自の憲法があるんですよね？」と聞かれることも多い。当時のお客さんたちに配布した冊子に書かれているのは、居酒屋を経営しているうちに生み出されてきた信念や信条であり、本来は初代の「胸底深く納めて置けば良いもの」（「兵六憲法閑話」二ページ）である。

初代自身が述べているとおり、明文化すべきことではないと考えていたようだが、戦後史における風変わりな生活記録として書き残すとしており、少々回りくどい言い方をしている。そのような文章表現を読むと、自分のことを必要以上に高く見て、誰かに教えを授けようとする姿勢が自分のなかにあることを恥じているのではないかと思ってしまう。

とはいえ、このような葛藤、現在の私にもあるので共感するところである。小姑のように細かく禁止事項を並べるとか、分かりやすいことが書かれていないのは、そんな思いがあるからではないかと私は想像している。

「兵六憲法」の条文は以下のようになっている。

一、居酒屋兵六に於ては店の女がお客にお酌する事を厳禁す
二、葷酒兵山門に入るを許さずとは反対に、居酒屋兵六の山門内ではアルコール抜きの飲物は一切売るを許さず
三、宣伝広告は必要止むを得ざるもの以外厳に慎む様心掛ける事
四、兵六店内の大掃除は遠慮す可き事
五、清酒は地酒の二級酒に限り特級や一級酒は絶対に置かぬ事――かつてあった日本酒のランクのこと。
六、洋酒、泡盛等は御遠慮申上る事
七、日本の代表的な酒である蒸留酒の焼酎を皆に再評価して頂く様大いに宣伝する事
八、居酒屋兵六は半分は店主のものであるが半分は社会のものと心得置く事

「一」と「二」では、キャバレーやクラブなど、女性が接待をする店ではないことを宣言している。ウーロン茶でも女性が隣に座っただけで高くなるような店とは違い、「兵六」では無口な男が接客するが、なるべく安く酒を提供するということだ。もちろん、ソフトドリンクは提供していない。

「三」は、初代の「自己宣伝なんぞ恥ずかしいことができるか」という心情であろう。不必要な店の宣伝はしないということだが、例外もあった。学生街ゆえ、秋の文化祭などのときに学生が広告募集に来たときは引き受けて、交際費として経常していた。また、開店の挨拶として、近所にあった銭湯の広告板に、「屁をひつて　あつい　あついと　掻き廻し」という江戸古川柳を記して店の宣伝をしていた。

「四」については、古いお客さんから「いまだに大掃除はしないんですよね？」と言われたりすることがあるが、今はしている。この条文で大事なのは、「外面《そとづら》さえ奇麗にして置けば万事ＯＫと心得てゐる店が多過ぎる」（『兵六憲法閑話』一〇ページ）と、当時ほかの店で感じていたことを述べたのであろうと想像する。大掃除をしない代わりに、「兵六」は常に清潔であると言っているのだろう。また、この条文に関しては、「大正時代の雰囲気を残し度い念願」があり、蛍光灯も使わず、電話もなければ冷暖房もない、不便極まりない店でいたいという念願を叶えたいと考えていたように思われる。

「五」、「六」、「七」の酒に関する条項は、鹿児島の焼酎を広めたいという大きな目標があったこと、そして、世の中には高額なお酒がたくさんあるわけだが、「兵六」ではあくまでも庶民に寄り添ったものを提供したいという願いがあったと思われる。

最後の「八」に関しては、「最も重要な根本的な条項」（前掲『神田村・兵六亭』一二一ページ）と断ってまで明記している。「兵六」は、単に主人が私腹を肥やすためにあるのではなく、ましてや国や権力者におもねるためでもなく、社会や人民に奉仕するためにある、ということを宣言していたと思われる。ただ、これに関しては、めずらしく初代の謙虚さがうかがえる記述が『神田村・兵六亭』に見られたので紹介しておこう。

「又皆様も兵六の半分は自分達のものだといふ考えを基にして良いアイデアがあったら教へて欲しいものです」（前掲書、一二一ページ）

今、私が「兵六憲法閑話」を読むとまず感じるのは、当時のお客さんと初代が実に良好な関係を築いていたということである。お客さんたちは「兵六」の亭主に心酔しきっており、亭主のほうもお客さんたちを実の子どものように、可愛くてしょうがなかったということだ。

現在では考えられないことだが、店を貸し切って忘年会を開いたとか、結婚式を挙げたという人までいるのだ。その当時の写真を見ると、間違いなく店の中であり、結婚式後に嬉しくて初代に抱きついている新郎の姿とともに、それに相好を崩している初代が写っていた。また、小さな子どものために洋服のおさがりをもらった、という話を聞いたこともある。

なんだかとても微笑ましい関係が成立していて、平山一郎・秀子夫妻にとっても「幸せいっぱいの黄金期」だったように思われる。そんな時期に、「兵六憲法」が制定されたわけである。

だが、残念なことに、ピークの後には下り坂が待っているものだ。長く続いた「昭和」が終わろうとしていた。

箸休め——秘伝！　兵六餃子のつくり方

現在の経営者である茅野《かやの》邦枝《くにえ》は、昔から呼吸器系が弱く、現在でも間質性肺炎を患っている。二〇一八（平成三〇）年四月に全面禁煙にしたのは、お上《かみ》からのお達しに従ったわけではなく、厨房にいる経営者を守るためである。禁煙にしたことで少しは呼吸が楽になったと思うが、二〇二〇年に現れたのが新型コロナである。基礎疾患を抱えてる高齢者の死亡率が高いという情報があり、もしも新型コロナに感染したら……と不安になるのも無理はない。

「もしも」があってからでは遅いので、邦枝が受け継いでいる兵六伝統の料理を誰かに伝えなければならない。将来、厨房を担うのが誰なのかに関しては今のところはっきりしていないが、とりあえずその「技」だけでもと、私が受け継ぐことになった。

二〇二〇年九月から、まずは餃子のつくり方を習いはじめた。私が「兵六」の厨房に入るのは、これで二回目である。まだ学生バイトだったとき、厨房を手伝う人が足りなくなって私がやることになった。元気だった秀子と一緒に厨房に立ち、皿を洗ったり、餃子の皮をのしたり、火を使わない料理をつくったりしていた。厨房から見ると、いつもとは違った面が見えてくるのでそれなりに面白い。

初代が後輩から餃子のつくり方を習ってから、経営が軌道に乗りだしたというのは前述のとおりである。女性雑誌に紹介されたりしたことで急に女性客が増えて初代が嫌な顔をしたとか、酒を頼む前に食べ物を注文した客には「ウチは食い物屋じゃない！」と一喝したとかという話を古い常連客からよく聞いていた。初代の姿勢を受け継ぎつつ、「兵六」が長く続けられてきたのも厨房の女性陣がつくる料理があってこそだ。

初代直筆の品書き

餃子を筆頭に、中国にルーツのある炒豆腐（ちゃあどうふ）、炒菜（ちゃあさい）、炒麺（これは「やきそば」と読む）は、現在の「兵六」においても、平山一郎の筆による「品書き」が大きく掲げてある。このメニューが「兵六」の屋台骨を支え続けてきたからこそ、七〇年以上にもわたって営業が続けられている。

初代の時代から約五五年間（二代目の平山俊一時代に短い空白期間はあったが）、私の時代になっても厨房を担ってきたのは秀子である。秀子は身体が小さく、体重は三〇キロくらいだった。そんな秀子に合わせたように、小さな「兵六」の厨房は手を伸ばせば何でも取れるように配置されていた。ガスコンロにマッチで火をつけ、そのマッチを一瞥もくれずにさっと消し、ゴミ箱に捨てるまでの一連の動作には無駄がなく、流れるように美しかった。まるでカンフーの達人だと思って感心もしていた。もちろん、腕が太いわけではないのだが、中華鍋を振るうための筋肉だけは研ぎ澄まされているかのようだった。

秀子は極度の方向音痴だったが、浦安に住むようになってからは、九〇歳を過ぎてもなお、一人で「兵六」まで電車に乗って通っていた。それ以外は、一人でどこにも行けないくらい地理感覚がない。すべての面において、「兵六」を続けるためだけに特化していたようだ。

「料理人の手はきれいなのよ」

いつも水を使ってるので、常に清潔なのだと秀子は私に言っていた。表面的な清潔さだけでなく、秀子の手にかかるとできあがってくる料理も美しくなる。大袈裟かしれないが、魔法の手のように思えた。「私は素人だから」と口癖のように謙遜していたが、五〇年以上もお客さんに愛される料理をつくり続けてきた秀子は、プロよりもプロなのだと思っている。

そんな秀子が、「兵六」への通勤途中に転んで大腿骨を骨折してしまった。九四歳のときである。復帰したい一心で手術とリハビリに頑張り、歩けるようにはなったが厨房に復帰することはかなわなかった。

その後、秀子の代わりに厨房を担ったのが、現経営者の茅野《かやの》邦枝《くにえ》である（一四ページの写真参照）。一郎・秀子夫妻の次女だ。一郎の死後、夫婦の住まいであった練馬の家を引き払った秀子と同居していたのも邦枝だし、そのころから餃子づくりを担当していたのも邦枝だった。

邦枝は、秀子とは対照的にパワフルな女性だ。「兵六餃子」の皮は手づくりで、強力粉をこねて生地をつくっているが、この皮がとても美味しい。生地をこねるときは全体重を乗せるようにして、とても力強くやらねばならない。その工程で鍛えた腕力を武器に、趣味となったの

調理をする現経営者の茅野邦枝

はテニスとゴルフである。秀子が笑うときは口に手を当てていたが、邦枝が笑うときは「アッハッハーッ」である。「本当の親子ですか？　とよく聞かれるわよ。アッハッハーッ」という具合だ。

餃子のつくり方を習いながら、私は気になっていたことを尋ねてみた。

「秀子伯母さんが引退し、そのあとを引き継ぐことになったけど、やりたいと思っていたの？」

「やりたくなかったわよ」のひと言だった。

じゃあ、なぜやろうと思ったのだろうか。

「お母さんが、ことあるごとに『くんちゃん、やってね』と言ってたからね」

秀子と一緒に住み、餃子を仕込む日には一緒に「兵六」まで行く。一緒にいる時間が誰よりも長かったから、秀子がいかに「兵六」を大切に思っているかについても、邦枝は誰よりも深く受け止めていた。秀子が大怪我をしたあと現在に至るまで、邦枝は毎日浦安から「兵六」に通い、来る日も来る日も中華鍋を振るっている。

「兵六」での接客に関してはすでに三〇年近くやっている私だが、餃子づくりに関しては「見習い」もいいところで、板につかないエプロン姿で厨房に立っている。驚くことに、豪快をもってなす邦枝の手によってつくられる餃子は実に繊細なものだ。邦枝のそばでその手元を実際に見ると、その仕事ぶりがよく分かる。丁寧に、素早く包丁で切られる野菜たちは、いつの間にか行儀よくみじん切りになっている。

半世紀にわたり、餃子の野菜を切ることにだけ使われている専用の包丁は「正本総本店」のもので、現在も定期的に研いでもらっている。「まだ大事に使ってくれてるのですね、先代がつくった包丁ですよ」と言ってくれるそうだ。

邦枝とこの包丁にかかると、野菜は切られるというよりは「手塩にかけて育てられる」という感じだ。どこに出しても恥ずかしくない、立派な人に育って社会へ出ていく、そんなふうに思ってしまう。その証拠に、切られたキャベツやニンニク、生姜、ネギ、タマネギが、みんなとても美しくキラキラと輝いて

1866年創業の「正本総本店」。〒130-0001　墨田区吾妻橋１－６－５　TEL：03-3622-6356

50年以上にわたって「兵六」で使われている「正本総本店」の包丁

見える。細かく切られた野菜は、たった一粒でも無駄にするのがもったいない、そう思えるほど愛おしいので、やはりじっくりと味わって食べてもらいたい。

　あまりにも地道な作業ゆえに機械に任せるという店もあるようだが、「フードプロセッサーなどを使うと、野菜の断面がグチャッと潰れたようになる」と言う。面倒でも、よく研いだ包丁で切ることによって美味しい餃子になっていくのだ。秀子と比べると、見た目も性格も真逆に見える邦枝だが、料理をつくるときには繊細な感性が顔を出してくる。似ていないようでも「血のつながり」を感じてしまう瞬間であり、興味深かった。


「やりたくない」と思っていた邦枝が厨房と経営を預かることになって早一五年、餃子に関しては三〇年、改めて言うまでもなく「続ける」というのは大変なことだ。どうして続けてこられたのか尋ねてみた。

「『美味しい』って言われると、嬉しいわよね」と、屈託なく笑いながら答えてくれた。

　邦枝は、秀子だけでなく、仕事が忙しい兄や姉妹の子どもたちを預かって、ご飯を食べさせたりもしていた。優しく、懐の広いご主人の存在も大きかったのだろう。一緒に生活して、我が子のように可愛がった。記憶にはないが、二歳くらいだった私も預けられたことがあるという。秀子が九〇歳を超えたころには曾孫までが一緒に住んでいて、今どき珍しい、四世代にわたる大家族であった。

「兵六」の食材たちも同じである。大切に育てられて餃子や炒豆腐になり、お客さんを喜ばせている。秀子から受け継いだ「きれいな料理人の手」は、料理だけでなく多くの人を立派に育て、面倒を見、幸せな気持ちにさせてきた。それを受け継ぐ私、そんな想いを愚直に真っすぐ受け継ぎ、一生懸命修行をしていこうと思っている。

ところで、ここで「兵六餃子」のレシピを載せるとみなさんは思っただろうか。申し訳ないが、そう易々とは公表しないし、仮にレシピを再現したところで、「兵六」で食べる餃子ほど美味しくはできないはずだ。レシピを参考にするより、同じような想いを込めてつくれば、違う材料であっても美味しい餃子ができるように思う。たまに来るお客さんが言っていた。

「兵六の餃子は世界で三番目に美味しい」と。

ちなみに、一番は母親がつくった餃子で、二番はそれを習った奥さんの餃子だと言う。こんな餃子には到底勝つことはできない。潔く、負けを認めよう。

（追記・まかないで私が毎日食べている炒麺《やきそば》のことも書きたかった（五ページの写真参照）。二〇年以上ほぼ毎日食べているので、私の体の三分の一はこの炒麺でできている。うしろ髪を引かれるが、またの機会にしたいと思う。）

第３章
ぼくは老舗居酒屋の三代目

昭和から平成へ——どうなる「兵六」

　元号が「平成」から「令和」へ変わるとき、時代の移り変わりを象徴するような出来事がたくさん起こった。スマップ（ＳＭＡＰ）の解散（二〇一六年）、安室奈美恵の引退（二〇一八年）、さくらももこ（一九六五～二〇一八）が亡くなった。あまり大きなニュースにはならないところでは、幾多の名店や老舗がその商売をやめてしまった。築地市場の移転も原因の一つかもしれないが、経営者や従業員の高齢化、跡継ぎ問題で廃業してしまったという店も多い。

　では、「昭和」から「平成」への移り変わりはどうだったのだろうか。美空ひばり（一九三七～一九八九）や手塚治虫（一九二八～一九八九）が亡くなったことに、昭和の終わりを感じた人が多かったのかもしれない。大きなニュースにはなっていないが、「兵六」の初代亭主、平山一郎が亡くなったのも昭和の終わりだった。

振り返ると、昭和天皇崩御のとき、私はまだ二〇歳だった。とくに大きな感慨をもたなかったというのが正直なところだが、元号の変わるのが二回目となると、何となく歴史の繰り返しを感じてしまう。平山一郎の死は、「兵六」に来てくださっていた多くの人々にとっては昭和の終わりを感じる象徴的な出来事であったのだろうと、今なら想像することができる。

「令和」になって商売をやめてしまった数々の名店・老舗と同じく、「兵六」もその歴史の幕を閉じてしまうのか……その可能性は十分にあったと思うが、平山一郎の晩年、その長男である俊一がすでに店を手伝っていた。初代の死後、そのまま俊一が跡を継ぐという自然な流れができあがっていたわけだが、話はそう簡単には進まなかった。

夫唱婦随の二人三脚で上海時代からずっと一緒にいた初代を亡くした秀子の落胆は激しいものだった。私の母の記憶によると、葬儀までは気丈に振る舞っていたようだが、そのあと途端に元気をなくし、外に出るのも嫌になってしまったという。毎日、きれいに身づくろいをしていたのに、髪の毛は起きたまま、化粧もしないで落ち込んでいるだけという日々になっていた。

長男の俊一も、「偉大な父」に対する反発があったようだ。「兵六」の後を継いで亭主の座に就いても、聞こえてくるのは先代を称賛する声ばかりであった。「昔の『兵六』はよかった」とかつての話ばかりをされると、やはり自分に対する批判に聞こえてしまう。俊一の心中が穏やかなものでなかったことは察してあまりある。事実、古いお客さんとケンカばかりをしていたようだ。そして、母である秀子は落ち込んだままで、初代でないと一緒に仕事をしたくないのか、店に出てこなくなった。

実父への反発もあってか、「兵六」はその姿を大きく変えていくことになった。俊一の考案した新メニューを導入したほか、学生アルバイトを何人も雇い、自分は酒を飲んで、気分が乗らないと仕事をしないという日々となった。酔っ払って、現在でもある店内のベンチに横になり、気持ち悪くなって反吐《へど》を吐いていた。とはいえ、時代はバブル経済の真っただなか、「兵六」も支店を出して、もっと儲けようとしていたとも聞く。いずれにせよ、「兵六」を違う店にしようとしていたと思われる。

当時の常連客からは、「とにかく行かないと分からないので、近くまで行って、提灯が灯っていれば入った」とか「もう『兵六』は終わりだなと思った」という声が数多く聞かれるようになった。ひと言で言えば典型的なアルコール中毒で、酒を飲むときだけはおとなしかったという。なぜなら、もめ事を起こすと「再び」病院に入れられるからだ。そう、再び……。

どういうわけか、私とは縁がなく、俊一とは一度も会ったことがない。歳が離れた姉二人は、近所に住んでいたこともあってよく遊んでもらったそうで、今でも「俊一兄さん」のことを慕っている。母があるとき、新聞広告に出てるジョン・ローンを見て、「あら、俊ちゃんにそっくりね」と言った。映画『ラストエンペラー』（ベルナルド・ベルトルッチ監督、一九八八年日本公開）が公開されたときのことである。人気絶頂だったころのジョン・ローンに似ているわけだから、ものすごくカッコいい男性であったのだろう。ただ、こうも付け加えていた。

「俊ちゃんには、女性を紹介することができない」

女性にはモテルが、「扱いがひどい」という意味だと私は解釈した。

平山家は何と言っても不器用で、「チャラチャラしてはいかん」、「女の尻を追いかけるなどはもってのほか」という家風である。秀子のいとこである亀井勝一郎も美男子だったし、秀子自身も、八〇歳を過ぎてもアイドルのような雰囲気を醸しだしていたことを思うと、亀井家のＤＮＡを俊一は受け継いでいたのかもしれない。うらやましくもあるが、逆立ちしてもなれそうにない男性像である。

そんな俊一、実は男性にもモテたし、子どもにもモテた。俊一の長男である大介は、授業参観に来た父がクラスの人気者になっていく様子を見ながら、「家では暴君のように振る舞う父の姿をクラスメートに見せてやりたいと思っていた」と言っている。

俊一の「人たらしぶり」には枚挙にいとまがない。また、それと同じだけの悪いエピソードをもちあわせている。いったい、何が俊一をそうさせてしまったのだろうか。接点のない私に言えることはない。ボタンのかけ違いがなければ幸福な人生を送ったのではないかと思うが、私にそれを言う権利はない。

そして、一九九二（平成四）年、平山俊一はその人生を終えた。常に体調がすぐれないために「兵六」も臨時休業が多かったが、それにしても五四年という人生は短すぎる。平山一郎が亡くなったときは大騒ぎになったが、俊一の場合はひっそりとその生涯を終えている。私には、自ら破滅に向かって突き進み、本当に破滅してしまったように見えた。

消えてしまったような「兵六」の灯はどうなっていくのか……。風前の灯となった「兵六」を、私という救世主が現れて盛り返したというのなら話は早いのだが、そんなドラマのようなストーリーは用意されていなかった。なぜなら、当時の私は、人生最大のどん底にいたのだ。

暗黒モラトリアム

昭和が終わった日（一九八九年一月七日）、私は予備校生だった。その前年、クリスマスの日に腕試しのつもりで受けた神奈川大学に合格し、最低限の結果を出したことにホッとして、成人式で友人と再会して騒ぐなど、受験生としての緊張感を完全に捨て去ってしまっていた。そういえば、平成になってから受けた大学は一校も合格できなかった。何事も、勝負には緊張感が大切であるということを身にしみて理解したわけだが、時すでに遅しであった。

中学、高校の六年間は帰宅部で、真剣勝負とは縁遠い学生生活を送っていたことが災いしたのかもしれないが、学生時代は波風の立たない極めて「ふつう」な期間だった。

中学生だったころ、テレビでは萩本欽一が大活躍していた。月曜日に放映されていた『欽ドン！良い子悪い子ふつうの子』（一九八一年〜一九八三年放映）からは、「イモ欽トリオ」（ヨシオ役の山口良一、ワルオ役の西山浩司、フツオ役の長江健次）というユニットが人気を博していた。

当時の中学校では、校内暴力が当たり前のように起きていて、学校の外でも「ツッパリ」と呼ばれる不良男子が独特のファッションで歩いていた。私のような「ふつうの子」も、駅前で何かのはずみに不良に肩をぶつけられ、ちょっとでも振り向こうものなら、「お前、どこ中《ちゅう》だよ！」とからまれてしまうという感じである。ケンカなんてしたこともない私は、なるべくかかわりをもたないよう「ふつうの子」に徹していた。

勉強をしていたという記憶があまりないので、もちろん「良い子」ではない。それに、ガリ勉タイプというのも違う意味で目立ってしまう。出しゃばらず、目立たない、毒にも薬にもならない人間のふりをして、「第二次ベビーブーマー」とか「団塊ジュニア」と呼ばれ、子どもの数が多かった時代を何とか乗り越えようとしていた。そして、大人になっても目立たない会社員になろうと思っていた。

時折顔を出すが、本当に好きなことに対しては我を忘れてしまうという自分が一方にいる。しかし、目立つことをしてしまい、大騒ぎをしてから猛烈に恥ずかしくなって後悔するという日が多かった。小学生まではサッカーをやっていたので、体育の時間がサッカーだとはしゃいでいたが、強制的に坊主頭にしなくてはいけないという決まりが嫌で、中学ではサッカー部に入らなかった。

自分で言うのも何だが、幼少時から細かいことによく気づく子どもだったと思う。幼稚園にサンタクロースが現れたときは、「園長先生の仮装じゃん」と言って、狂喜乱舞するほかの園児をよそに一人で冷めていた。

そして、小学校低学年のときには、アニメの主人公が崖を登っているときに手をかけた岩の色が違うと、その岩が崩れるという法則を発見した（セル画と背景画の画材が違うので、色合いが明らかに違うのだ）。同じように、宇宙戦艦ヤマトの艦底にぶら下がるように付いている第三艦橋が敵の砲撃を受けて堕ちていくのを見て、先週も同じように撃墜されていたな……と思っていた（毎週何千枚と絵を描かねばならないので、労力を少しでも省くために、戦闘シーンには以前に描かれた絵が何度も使われていた）。

こんな性格だから、中学のときに不良男子が先生を呼び捨てにして生意気な口をきいたりすれば、先生の怒りを感じることがよくできた。また、勉強のできる生徒が遅々として進まない授業に対して、諦めに似たいら立ちを感じている様子も激しく伝わってきた。そして、自分がはしゃいで誰か一人でもいらつかせる原因になってしまったら……それを受け止めた自分が何よりも傷ついてしまい、疲弊していた。

高校時代も、周りに求められる「ふつうの自分」でいようとしていた。大学受験を目指して、一心不乱に勉強しているときはまだよかった。脇目も振らずにサッカーボールに食いついていたときと同じような心地よさがあったが、大学に入学した途端、キャンパスの雰囲気がつらくなって、徐々に行かなくなった。

家に一人でいる、というのが心地よかった。これまで自分を苦しめてきた人の声や感情、街中にあふれる看板や電車内の広告や文字情報、音楽、声、色、感情、自分以外のありとあらゆるものを遮断して、テレビも消しておく。好きな本と好きな音楽、そして好きな映画だけを観て毎日を過ごした。

昭和天皇が崩御した日のことを覚えているだろうか。その日、街から音が消えていた。あのときと同じ静寂が、当時の私の生活に訪れていた。

一方、学費を出してくれている両親への申し訳なさが自分を責めていた。自分はダメな人間なのだ、どうしようもないヤツなのだと、泣きたくなる気持ちが消えることはなかった。

時は、バブル真っ盛りである。ホンダのプレリュードに乗ってナンパ、ディスコへ行ってボディコンを着た女の子と仲良くなって、毎日を享楽的に過ごしている同年代の奴らを心底憎んだ。当時の私は、「お前らがそんなだから、今の日本はダメなんだよ！」と吐き捨てていた。もちろん、自分が一番ダメなこともよく承知していたが……。

このまま年をとると、よくて禁治産者か高齢ニート、悪くすれば「野垂れ死」をしていただろう。当時、好んで聴いていたロックバンド「筋肉少女帯」の歌詞には、「この世界を燃やし尽くして自分も燃えてしまおう」というものが多かった。ボーカルの大槻ケンヂの声を聴いているときだけ、少し気が晴れた。

親は、当時話題になっていたカルト教団に私が入信するのではないかと心配していたようだ。表面的にはかなり近いものがあったが、誰かの教義や自分以外の教祖に従う気持ちはまったくなかった。「そんなことをするくらいなら、自分で新興宗教を立ち上げる」とも思っていた。もっとも、誰かに愛されたい、自分を認めてほしい、そんな気持ちだけでつくった宗教団体に入信する人は誰もいないだろうが。

躁状態になったのは、忘れもしない一九九二年四月一日である。その前日、ほぼ唯一の社会との接点となっていたアパレル店でのバイトの時間を間違えてしまい、渋谷の東急百貨店内にあるその店舗だけが閉店状態になってしまうという大失態をやらかしてしまった。人に悲しい想いや失望を抱かせないよう細心の注意を払っていただけに、この失態に対する私の落ち込みはひどいものであったが、その翌日、なぜかガラリと世界が変わった。

思い切り引っ張られた弦から放たれた弓矢のようだった。春とはいえ、まだ寒い日があるという四月であるが、その日は暖かい南の空気が東京を覆いつくし、肺に入ってくる空気の温度が変わった。スー、ハァーと胸いっぱいに空気を吸い込むと、体をめぐる血液の温度が上がるのを感じた。その血液が指先まで達していることを実感し、空気を吸うことが楽しくなってしまった。スーっと吸って「フフフ」と笑い、ハーッと吐いて「ハハハ」と笑う。まるで春が来て頭がおかしくなった人のようだが、私は楽しくてしょうがなかった。息を吸うって、生きるって、素晴らしい！　春の空気を吸って吐く。それだけで、これまで感じたことのない幸福感を味わうことができた。

息を吸いながら、これはもしかして、聞いたことのある「躁状態」ではなかろうかと考えた。なるほど、昨日までの自分は「うつ」だったんだなと、そのときに初めて気がついたわけである。そして、躁状態。さすがにこれはマズイんじゃないかと、客観的に見ている自分が警告を発しはじめた。うまく説明することはできないが、「私」を使ってゲームをしているプレーヤーとしての「私」がいるような感じである。

躁うつ状態に苦しむ自分を客観的に把握することはできていたように思うが、だからと言ってそこから抜け出す術《すべ》を当時の私がもっていたわけではない。「まずい」とは思っていたが、どうすることもできずに苦しい状態のままであった。そんなある日、もがき、あがき続けていた私のところに妖精ティンカー・ベルがやって来て、耳元でささやいた。

ティンカー・ベルのささやき

ティンカー・ベルだろうが、魔法使いのおばあさんがカボチャの馬車をもってこようが、最初は詐欺師にしか思えない。私のところへ、父を通じて伯母の平山秀子から「週に一回でいいから、『兵六』を手伝ってほしい」という打診があったときも、まったくもって気乗りはしなかった。もちろん詐欺師とは思わなかったが、飛びつくような話でもなかった。そんな私に、父が次のように言った。

「気に入らない客がいれば、追い出しちゃえばいいから」

父にとっての「兵六」、そして平山一郎という兄はそういうイメージなのだろう。

「存在感のある伯父さんならできるかもしれないが、自分にできるわけがないだろ！」と、このとき内心思った。

私の精神状態は相変わらずであった。一応大学に在籍してはいるが、学校に行くことはあまりなく、学費を出してもらっている「後ろめたさ」が自責の念を増幅させていた。今の言葉で言えば、自己肯定感が著しく低い状態にあり、少しでも世の中のためになっているという実感がほしくて、青年海外協力隊に参加することを考えたり、農家の手伝いというアルバイトを住み込みでやったりもした。しかし、体力も気力も続かず、その仕事を一週間で辞めてしまった自分をさらに責めていた。

そもそも、自己肯定感を増やすために何かを誰かのためにやろうとすること自体、順番が違っている。そんなことが分からない当時の私の自己肯定感は、かぎりなくゼロに近いところまで落ち込んでいた。そこまで落ちると、「生きる価値がないんじゃないか？」と思うようにもなる。

とはいえ、アパレル店でのアルバイトは、積極販売が苦手なわりには続けていた。バブルの名残がまだ続いていたのか、すごく高価なバッグを売っていたが、「こんな不景気なときにこんな高いバッグを売りつけられたら困るのではないか？」などと、お客さんの気持ちをつい考えてしまっていた。自ずと、私の売上成績はひどいものとなっていった。それでも、きらびやかなファッション業界にいて、毎日違う服を身に着けて店に立ち、オシャレなお客さんやスタッフとかかわることで「自分を表現する」ということがほんの少しできているように感じていた。

自分を取り巻くこの世界が嫌いでしょうがない、そこにいる人たちの粗探しばかりをしていた。

細かいことに気づいてしまい、あれこれと考え、勝手に疲れてしまうというこの性格は、父が厳格だったからなのだろうか。それとも、母の繊細な性格が遺伝したのだろうか。いずれにせよ、すべてを他人のせいにしていたことだけは間違いない。

弱い、とにかく弱い。ある日、生きる気力が枯渇し、一歩も歩けなくなって道に膝をついてしまったことがある。うずくまって、しばらくそのままでいたが、誰も助けの手を差し伸べてくれなかった。気持ち悪い人が道路で寝ているだけ、かかわりたくない、ということである。そのときは、何とか力を振り絞って立ち上がり、這うようにして家にたどり着いた。

このような状態にいる私を「兵六」で雇うという。伯母の秀子は深く考えていなかったと思う。長男である平山俊一の死後、たくさんの人が「兵六」を続けてほしいと請い続けた。それで元気を取り戻したのか、現場に復帰した伯母にとっては、何とか「兵六」の形が維持されておれば誰でもよかったのだろう。それに、俊一がやっていたときよりも悪くなることはないと思っていたのかもしれない。

そのときの伯母は、私のことをほとんど知らなかったはずだ。なぜなら、一五年くらい会っていなかったからだ。物心がついてから、平山一郎の家族と私の家族との交流はほぼ皆無であった。だから、前述したように、俊一とも会ったことがなかったわけである。詳しくは知らないが、頑固で譲らぬ性格同士の父と伯父が仲たがいをしたからだと聞いていた。

初めて「兵六」で仕事をした日のことは、昨日のことのように覚えている。十数年振りに会った平山秀子は八四歳になっていたが、記憶のなかの伯母と変わらず、美人で優しかった。いつの間にか私のほうが大きくなってしまっているので、美人というよりは「可愛い」と言ったほうがいいかもしれない。瞳をキラキラさせて手を握り、「よく来てくれたわね〜」と明るかった。

どんな仕事であれ、バイトの初日は緊張するものだ。ＪＲ御茶ノ水駅からの道は、できれば引き返したいと思いながら足取り重く歩いたが、冷静に考えれば、こんなに歓迎されたバイト先も珍しい。

八四歳という年齢は、普通の場合、何もしないで家でゆっくりと日なたぼっこを縁側でしているものだと思っていたが、伯母はこの歳で毎日「兵六」に来て、中華鍋を振るっていた。初代が亡くなったときの「兵六」にこだわっているのか、電話がないのはいいとして、冷房機器も頑なに設置していなかった。

今から三〇年近く前とはいえ、バスや電車に冷房がついていないと苦情が出そうな時代である。どこへ行っても、真夏はエアコンで快適な温度に保たれているのが当たり前という時代になっていたのに、暑くてしょうがない環境で働き続けている八四歳の女性がいた。まさに、驚異としか言いようがない。

現在の経営者である茅野邦枝《かやのくにえ》は、先にも述べたように平山一郎・秀子の次女である。一郎の死後、秀子とともに住んでいたが、週に一度だけ「兵六」の厨房で働いていた。そんな彼女が、「兵六」に現れた私にカウンター内でする仕事を簡単に説明し、すぐに厨房に戻った。

「伝票には、ここにお客さんの人数書いて。カップルだったら②と書けば分かりやすいから」

これだけ言って、「はい、頑張って」で終わりであった。

千尋《せんじん》の谷に突き落とされた子獅子の気分だったが、あとはもう、その都度自分の頭で考えて対応するしかない。おそらく、私に多くを期待していなかったのだろう。しかし、週に一日とはいえ、老舗居酒屋の栄えある亭主の仕事を引き継ぐわけだから、もっと何かありそうなものだと思ったが……本当に何もなかった。

この当時、まだ大学に籍を置いていて、社会に出た経験はない。さまざまなアルバイトをやったが、飲食店だけはやっていなかった。細かいことに気づくという私の性格は、お皿を割ったり、お客さんに飲み物をこぼしたりというミスを先に想像してしまい、やる前からいたたまれなくなっていたからだ。

しかも、私はお酒をほとんど呑まない。ゆえに、一人で呑みに行くという機会がまったくない私が、よりにもよって老舗居酒屋での仕事をなぜ引き受けたのだろうか。魔が差した、としか言いようがない。

「兵六」を落とすところまで落としたのは、二代目平山俊一の功罪である。どんな形であれ、提灯に灯がともっていればヨシとするお客さんに請われて再び「兵六」がはじまったわけだから、やはり誰でもよかったのだろう。となると、引き継ぐべき伝統もへったくれもない。だから、私のようなダメ大学生がアルバイトに来てもまったく問題はなかったし、これ以上落ちることもないと判断したのだろう。確かに常連客が多かったわけだが、それまでに去ったお客さんもかなり多かった。

今でもそうだが、私は実年齢より幼く見られることが多い。当時の私は二五歳、同級生たちはバリバリにスーツを着て会社勤めをしていた（と思う）。よく知らないのは、まったく連絡を取り合っていなかったからだ。

私はというと、髪の毛を常に明るい茶色に染めて伸ばし、ロックとモードを混ぜたような恰好をしていることが多かった。ステージを降りたときのヨシキのような感じと言ったら、「厚かましい！」という反論が聞こえてきそうだが、そんな格好なので二〇歳ぐらいにしか見えなかったようだ。

そんな男が、「兵六」という老舗居酒屋の亭主の席にいる。漂っていたのは違和感だけだと思うのだが、伯母はとにかく笑顔で受け入れてくれたし、当時の常連客も面白がってくれたように思う。

初代に心酔していた常連客は、俊一の代でとっくに来なくなっている。次はどんな変化が起こるのか、それを楽しめる人しか残っていなかったという環境も私には幸いした。実際、私が初めて「兵六」の仕事をしたときには、ほかの曜日を別の大学生がやっていたし、俊一が亡くなってからは、親戚を中心としてお客さんがやってくれたりしていたので、それはそれで楽しそうに続けていたようだ。

何と言っても、秀子の存在が大きかったように思う。小さな身体で毎日頑張っている伯母を助けようと、みんなが協力してくれていた。手を握られ、キラキラした瞳で見つめられた私も、伯母の魔法にかかってしまったのかもしれない。健気な伯母を何とか助けてあげなければ……。初めての飲食店での仕事だったが、割とスムーズに仕事ができたように思う。伯母秀子は、まさしくティンカー・ベルのような人であった。

「それぞれの25歳」と題された当時の筆者（撮影：杉原真希子）

新人類に「オヤジさん」

そのころの「兵六」は、外観内観とも昔のままである。三省堂書店の裏口を出ると大きな提灯がともっている。冷房機器がなかったので、夏は鎧戸の窓をすべて開け放していたため、電球の穏やかな明かりが外に漏れていた。

一歩中へ入ると、タバコの煙であぶったかのように、壁も品書きもすべてが飴色に染まっていた。大きなカウンターが「コの字」になっていて、丸太を二本渡したベンチに座る。テーブル席は二つ。これは、平山書房時代から使っていたものだという。

「日替わり亭主」とでも言うべき私のポジションは、カウンターの真ん中だ。ここに構えて、料理の注文が入れば厨房に伝え、お客さんのほとんどが呑んでいる芋焼酎「さつま無双」の注文が入れば、一升瓶からやかんに移して、温

旧店舗の「兵六」（撮影：金井剛）

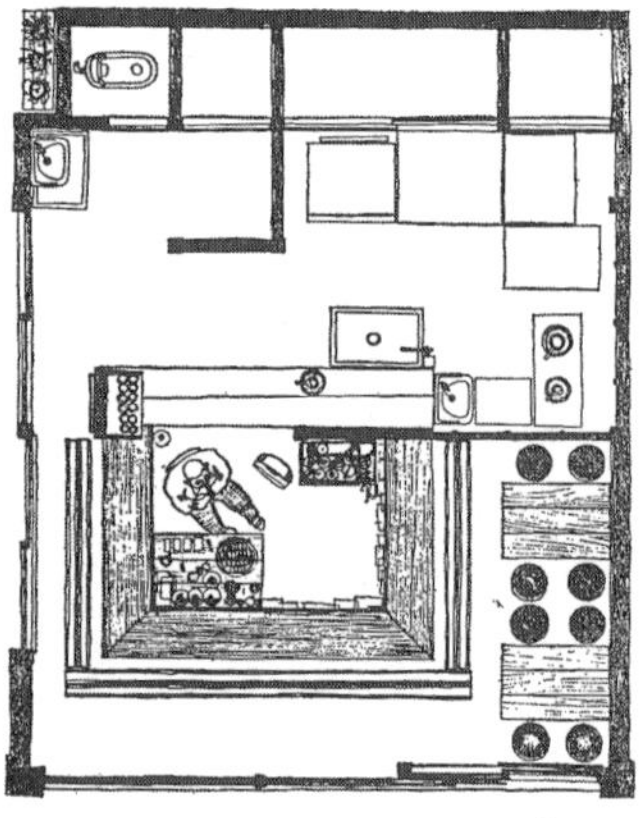

昔の平面図

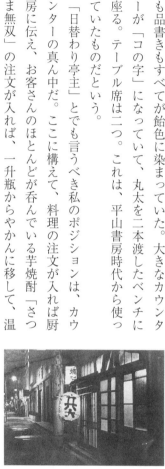

めたものを一合きっちり徳利に注いで、希望する人には小さなやかんで白湯とともに出す。

テーブル席にいるお客さんには届かない。初代のころから使っている古い銀盆に、お酒、グラス、ぐい飲み、そして料理も載せてわたす。お客さんがそれを受け取ってくれるのだが、テーブルのところまで行ってお出しするというのが筋ってもんじゃないだろうか、とは思っている。

テーブル席はとても狭い。四人で座ると、山手線の座席より窮屈である。テーブル席のお客さんが帰ったら、その片づけは厨房の者がしている。初代のころからそうやってきたのだろう、基本的に亭主のポジションは偉そうなのだ。

注文が入ると、初代は声高らかに「ちゃあーーーどうふー（炒豆腐）一丁ーーー」と高い声で言ったようで、その声が印象深かったというお客さんがいまだに多い。本来、「兵六」の亭主はそれを真似して然るべきなのだが、なんせ伯母は八四歳だ。耳こそ達者だが、いたわらなければならない。よく聞こえるように大きな声で言うのは初代と同じかもしれないが、体を厨房に向け、申し訳なさそうに注文を通した。現在も同じである私の

一合きっちり徳利に注ぐ

注文スタイルは、このときからはじまっている。

繰り返すが、私は二〇歳くらいにしか見えなかった。だから、「偉そうに」なんて到底できないと思っていた。壁に架かっている文人たちの色紙や魯迅《ろじん》の写真は、ぼんやりとした知識はあったが、その重みに至ってはまったく分からない、「最近の若い者ときたら……」と言われてしまうような存在だった。

事実、私たちの世代は「新人類」と呼ばれていた。経済学者の栗本慎一郎氏と映画監督の山本晋也氏が、それぞれ「自分が言いはじめた」と言い張っていたが、その二〇年後、山本晋也氏とテレビの取材（ＢＳ11の特番「神保町特集）でお目にかかることになるとは夢にも思っていなかった当時の私が「兵六」にいる。

私が働きはじめたときの客層だが、現在とあまり変わらない。スーツ姿やネクタイを締めた人が極端に少なく、どういうわけか髭を生やした人が多かった。女性はほとんどおらず、二五歳になる私と同年代のお客さんは皆無だった。

会社員とはスーツにネクタイだ、と思い込んでいた私は、あまりの無知さに恥ずかしくなったが、会社員はこの店に来ないものだと勘違いをしていた。このまま行くと就職活動もまともにできない自分の仲間がたくさんいるように思ったわけだが、実はみんな、必要以上にちゃんとした仕事をしている人たちであった。そして、ほとんどの人がタバコを吸い、芋焼酎を呑んでいた。

ある常連客が私に向かって、「オヤジさん、もう一杯ください」と言った。当時、その人は五〇歳くらいだったと思う。会社のデスクに酒を入れていて、終業時間になると一杯呑んでくるから、「兵六は二軒目だ」といつも言っていた。初代のころからの常連客だ。

一瞬、耳を疑った。二〇歳《はたち》をようやく超えたくらいにしか見えない私は、若造どころか小僧に見えたはずだ。そんな私に、「オヤジさん」とこのお客さんは言った。しかも敬語である。普通の会社勤めであれば役員クラスか部長、そんな人が敬語で話しかけてくれたのだ。

そうか、オヤジさんか……。居酒屋の亭主とは、年齢が上だろうが下だろうが、お客さんにとっての父親にならないといけないんだ。「なれるか」、「なれないか」で言えば絶対なれないが、なれる範囲で自分の思う父親をやってみようとこのとき思った。

今となっては、このお客さんが私に「気づき」を促したのか、酔っ払ってそう言ったのかは分からない。おそらく、いや、間違いなく後者だろう。会社では立派なポジションに就いていたのかもしれないが、「兵六」では常にただの酔っ払いであった。

居酒屋という世界、それまで私がいた世界とは何もかもが違うところであった。中学生くらいから偏差値を常に気にして、人より上の学校、上の会社、上の役職に就くことが人生最大のテーマであり、その生存競争から脱落した者は敗者となる。さらに、学校や会社では上下関係があり、学年が一つでも上の者が言うことは絶対に聞かないといけない。上なのか、下なのか？　そんな価値観のなかに身を置くことに疲れ果て、人との関係をなるべくつくらないようになっていったし、一人でいる時間が増えていた時期である。

しかし「兵六」は、お客さん同士が驚くほど平等な空間をつくりだしていた。年齢に差があっても、お互いを「さん」付けで呼んでいる。偉そうな言葉遣いはなく、人間性に敬意をもって丁寧な言葉で話している。だからといって他人行儀ではなく、和気あいあいとしていて笑顔であふれている。

一流企業に勤めている人、フリーで働いている人、起業をして社長となっている人、お金の回りがいい人、カツカツで何とか飲み代を捻出している人など、本当にさまざまな人が肩を寄せ合って芋焼酎を呑んでいるわけだが、誰も「自分が上だ」というアピールをしない。よく観察していると、仲良さそうに見えるが、お互いの本名や年齢、どんな仕事をしているのかについて、ぼんやりとしか知らないのである。

肩書や地位を知ってしまうと、仕事の話になったり、偶然、取引先であることが分かったりしてしまう。今後のことを考えると、仮に「嫌なヤツだなー」と思っても、頭を下げておく必要が出てくる。名刺の交換を誰もしないのは、これが理由である。ここでの人間的評価は、懐の広さを感じられる言葉遣いと佇まいであり、会社名や出身大学で勝負している人は誰もいない。そんな環境がとても心地よかった。そして、こういう人間関係をつくりたいと改めて思った。

最初に教わったこと

仕事に関しては、「兵六」で何も習わなかったが、一つだけ最初に言われたことがある。それは、「お客さんからお酒をもらわない」だ。二代目の平山俊一は酒の呑みすぎで体を壊したし、初代もずいぶん泥酔して、帰り道で秀子を困らせていた。それが理由なのだろう、仕事中はお酒を呑んではいけないという決まりになったと思う。理由は聞かなかったが、一回聞いてすぐに覚えたし、お酒をあまり呑めない私にとっては「渡りに船」だった。

バブル当時の大学生は、コンパや合コンに行くと、「一気呑み」ばかりをしていた。目上の人や先輩が酒の強要をする、いわゆる「オレの酒が呑めないのか」である。現在だったらアルコールハラスメントになるだろう。

どちらの習慣も嫌でしょうがなかった。今思うと、みんな何を話していいのか分からなかったのだろう。たいして話題の引き出しもなかっただろうし、合コンでどのように女性を口説いていいのかも分からない。上司や先輩も、どうやって上に立っていいのか、世代が違う人とどんな会話をしていいのかが分からず、これまでの習慣を真似て酒の強要をしたり、とりあえず盛り上がって拍手喝采になる「一気呑み」をしていただけだろう。

あまりの小ささに愛しくすら思うが、酒の席としては最低の呑み方だ、と言い切りたい。「兵六」にはそういうノリが一切なく、当たり前のこととはいえ、当時の私にはとても理想的な空間に思えた。

禁止されていたにもかかわらず、当時、ほかの曜日を担当していた大学生が、お客さんからお酒をもらっていたことをあとから知った。私とは対極となるこの大学生バイトは、お酒をすすめられると喜んでググーッと呑んだ。すすめた側も、その呑みっぷりに喜んでいたという。会社やサークル内では、「面白い後輩＝見どころのある後輩」という評価になったのだろうが、それを聞いた私は、「なんで、そんなみっともない真似をするんだ」と、はらわたが煮えくり返った。もちろん、本書の原稿を書いている今もだ。

グラスに両手を添えて、ヘコヘコと頭を下げる姿が浮かんでくる。なぜ、そんなことをしないといけないのか。「兵六」にかぎらず、どこに行ってもこのように思っていた私は、おそらくどこの会社に行っても孤立していただろう。

世間知らずの私は、キャバクラやホストクラブは言うに及ばず、多くのお店では店員がお客さんからお酒を呑ませてもらって、それで売上を伸ばしているという事実をまったく知らなかった。お酒をほとんど呑めない私が、この方法をとるというのは無理な話である。そもそも、お客さんのお金で呑むという行為が「恵んでもらっている」と感じてしまう性格なのでやはりできない。これができれば、これまでの人生、もう少しうまく立ち回れたのかもしれない。

このときから三〇年近く経った現在だが、やはりお酒をすすめてくるお客さんがたまにいる。もちろん丁重にお断りしているのだが、細かいことに気づいてしまう私の性格では、その人がどんな気持ちですすめてくれているのかについて、実は二〇代のころから分かっていた。

久しぶりに来た人や初めての人に多いのだが、居場所がないのだ。少しでも誰かの優位に立ちたくて、自分のお金で人にお酒をご馳走する。ほとんどの場合、決して褒めることができないボランティアみたいな心持でやっているから不快だった。さらに、「お釣りはいらない」と言う人もだいたい同じであった。意地でも、私はお釣りをわたしている。

初代は「兵六」でお酒を呑んでいた、と先に書いたが、実はお客さんからもらったことは一度もない。古いお客さんの目撃証言によれば、自分で酒瓶から湯呑みに芋焼酎をなみなみと注ぎ、グーッと呑み干したそうだ。それを聞いて、自分の考えが間違いではなかったとホッとした。

お酒は呑みたいように呑めばよい。人から施しを受けるいわれはない。ほかの店ではどうか分からないが、少なくとも「兵六」の亭主というのはそういう存在である。若輩だろうが、学生バイトだろうが、私は自分のやり方にこだわると決めた。

念のために言うが、湯呑みについだ芋焼酎の一気呑みはおすすめできない。一緒に帰る人を困らせるだけだ。小さな体で初代を支えながら自宅のある練馬まで帰るのに、毎晩、伯母は苦労していたと聞く。

初代が言った「帰れ！」

やはり、と言うべきか、初代平山一郎を懐かしむ声というものが私の耳にもよく入ってきた。何しろ、お客さんのほとんどは、初代が元気だったころから来てくださっている人たちである。「あのころはよかった」と懐かしむ気持ちがゼロだとしたら、逆に不健康な話となる。だからと言って、今の「兵六」を嘆くような後ろ向きの人はほとんどいなかったから、私にとっては恵まれた環境であったと言える。もちろん、当時の常連客には感謝しているし、二代目の俊一が理由で、後ろ向きの人はほとんど来なくなっていた。

初代のエピソードを聞くのは楽しかった。あまりにも理不尽すぎて、メチャクチャなことをしていたからだ。ある常連客が「兵六」に来たとき、ほぼ満席だった。店内を見わたすと、仲良くしてる常連客が手を振って、「こっちこっち」と呼んだからそこに座った途端、「帰れ！」と怒鳴られて渋々帰ったという。

もし、今、悪意ある投稿者がＳＮＳにこのことを投稿したら炎上すること間違いなしの事件である。常識的に考えたら、知り合いに呼ばれて座ったくらいで「帰れ」と言われる筋合いはないし、私もそうだと思う。だが、「兵六」のお客さんは「それが『兵六』だから」と納得していたのだ。

渋々帰った常連客、心から納得していたのだろうか。たぶん、納得していなかっただろう。オヤジさんはいつもそうだから仕方ないか、くらいの感じだったと思う。だが私は、初代がしていたことを聞くと、なぜか心から理解することができた。爪の形が同じとか、変なクセが似ているとか、ＤＮＡが同じということを、言葉や理屈ではなくすっと飲み込んで、体の中にじわじわと心地よさが染み込むように理解した。

初代の理不尽な言動を私が理解できるということは、つまり、私の考えに初代も同じように理解しているということだ。これまで、「自分はこの世界に生まれてくるべきでなかったのではないか」と苦しんでいたが、「そのままでいいんだよ」と初代に言われているように感じたのだ。

あまりに理不尽な、初代の「帰れ！」発言についてもう少し説明しておこう。

「兵六」を手伝いはじめたばかりのころ、店に入ってきたお客さんが空いている席に私と目も合わさずに座ることに違和感があった。その違和感を若者らしい言葉で表現するならば、「ムカつく！」となる。そして、そのままの表情をそのお客さんに向けていた。

それから約三〇年が経った今も、この感じ方はまったく変わらない。心に浮かぶ言葉もたいして成長がなく、「勝手に座るんじゃねーよ」である。自分の成長速度の遅さに驚くわけだが、その代わり、考え方を整理することに関しては以前よりもできるようになった。

「兵六」の亭主は、いろんなことを考えてお客さんの席を決めている。そろそろお帰りになるかなーというお客さんの近くに、「待ち合わせで、もう少ししたら連れが来ます」と言う人に座ってもらったり、この人とこの人は相性が悪いからと離してみたりしている。考えられる状況を何パターンも想像して、それを瞬時に考えて最適の席を指定、いやおすすめしている。それによって奏でられる調和音がお客さんの心地よさを倍増させている、と確信している。だから、勝手にその調和を乱されるのは困るのだ。

私の場合は初代ほど理不尽ではないので、一応みなさんに納得してもらえるような言葉を選んでいるが、初代は単純に、「俺の店で勝手なことをするな！」という意味で言ったのかもしれない。言葉は違うが、平山家のＤＮＡが訴えている根っこは同じである。

これが父の店であったら違っていたのかもしれない。現に父は、私を知り合いの会社に頭を下げて入れてもらおうとしたし、私も父の言うとおりに面接に行き、内定もいただいた。最終的にはこちらからお断りしたのだが、あのまま会社員になっていたら、今頃は人間が潰れていたのではないかと思っている。

二代目の俊一が「兵六」で苦しんだように、その会社で私は、父の呪縛に苦しんでいたことだろう。跡継ぎという問題を抱えている多くの店に言えることかもしれないが、ワンクッション置いて、甥などに声をかけるというのが得策かもしれない。プレッシャーも大きくなく、気楽にやれている。その気楽さとともに、自分が一族の人間なのだという心地よさと人格形成のラストピースを得るには、「兵六」は最適と言えるところであった。

不安定だった未成熟な精神は、伯父伯母の店を手伝うことで一族を客観的に見ることができるようになり、自分と同じ考え方ややり方を認めてくれるたくさんの人たちとも出会うことができたおかげで少しずつ固まっていった。世界が狭かったゆえに知らなかった価値観ともたくさん出合うことができたし、これまでどこにもなかった好きなものが「兵六」にはたくさんあった。

居酒屋という世界とは合わないのではないかと思っていたが、「そのままでいいのだ」と「兵六」が教えてくれ、自分を解放することができた。『アナと雪の女王』みたいだった、と言えば分かっていただけるだろうか。

ロックな詩人の幽霊たち

本書の原稿を書き進めていき、神保町界隈の歴史を調べていくうちに、「詩」と「詩人」に対する誤解があることに気づいた。詩といえば、乙女が淡い恋心をしたためるようなもので、詩人とは結核を患っていそうな少女まんが的な男性を意味すると思っていた。私より若い世代の人たちは、おそらく私と同じように思っているのではないだろうか。

「兵六」に掲げてある詩人の詩は、戦前戦中に国家権力から口を封じられ、それでも絞り出すようにして紡がれた言葉である。現在では言論の自由が謳われており、何を発言しても政府に口封じをされたり、権力の圧力を受けたり、警察の尾行を受けて逮捕され、拷問を受けて処刑なんてことはありえない。だが、そんなに遠くない過去、日本はそうだった。

すぐ近くの国、北朝鮮や中国では、今もなお言論統制が敷かれている。そのことを、私を含む今の日本人はもっと知るべきである。

残念なことに、歴史の授業はなかなか昭和

店内に飾られている様々な額

史までたどり着けないでいる。私も、授業で習ったことが一度もない。しかし、こんな時代背景があったことを理解したうえで、自分の祖父母や曾祖父母の話を聞くと重みがまったく違ってくる。親戚でなくともいい。「兵六」にある詩人たちの色紙や、戦前の特別高等警察（特高）に上海で尾行された平山一郎の写真を見上げたとき、感じ方が変わってくると思う。

詩が魂の叫びであるなら、その本質はロックやラップと同じであろう。イギリスの労働者階級の叫び、黒人たちの人種差別に対する叫び……平成時代の日本を彩ったロックは、見えない敵から受ける圧力に対する「叫び」と言えるのかもしれない。

戦争のない平和な国である日本。幸せなはずだが、なくなることのない不安感や、敵が見えないから矛先が自分に向いてしまったかのように減らない自殺。我々より上の世代から見れば、「最近の若者は甘やかされた世代で、気骨がない」と嘆くかもしれない。それでも、何かもやもやしたものと闘ってきたのだ。ロックバンド「The Blue Hearts」の歌に『TRAIN－TRAIN』というものがある。その歌のなかに、

♪　見えない自由が欲しくて、見えない銃を撃ちまくる

という歌詞がある。まさに、多くの若者の気持ちを言い表していた。

日本のロックには救われた。のちに詳述するが、実は絵描きの家系なので、音楽に関してはあ

まり詳しくはないのだが、文学的ロックとでも言うべき「筋肉少女帯」、のちに「ヴィジュアル系」と呼ばれるようになった「X」（のちの「X Japan」）などのハデハデなバンドが好きだったのは、純粋に音楽がよく分からなかったからだ。

詩人の幽霊が棲んでいる神保町の「兵六」界隈に、生存競争から脱落し、平成になってもモヤモヤしているダメ学生が降り立った。ほかに行く場所がなかっただけだが、ここの幽霊たちにはそのダメっぷりが気に入られたのか、居心地は悪くなかった。

このころに一番聴いていたのは、やはり「X」だ。なかなか新作を出さないバンドなので、ほかのファンと同様、音楽雑誌のインタビューや書籍を何度も何度も読み返した。そのおかげで、音楽そのものよりもメンバーの生い立ちなどにやたら詳しくなってしまった。なかでもリーダーのヨシキは、見た目の少年のような美しさとは対照的とも言える破天荒な言動が面白くてしょうがなかった。

アマチュア当時、ライブの打ち上げで先輩ミュージシャンから酒を「呑め！」と言われて、「誰にモノを言ってるんだ！　表に出ろ！」と毎日ケンカしていたとか、終電がなくなっても呑んでいて、ステージに上がった衣装と髪形のまま泥酔し、始発の山手線でボトル片手に寝てしまい、気づいたら午前一〇時ということもあったようだ。何週もグルグル回っている間に何万人もの乗降客が白い目でヨシキを見ながら、近寄らないようにしていたのだろう。そう考えると、おかしくてしょうがない。

私が「兵六」の仕事をするにあたって、同じような老舗居酒屋だとか、ほかの飲食店のやり方を参考にしようとは微塵も思わなかった。本当に思わなかったというのは我ながら笑えるが、もう少しちゃんとした人なら参考にしたであろう。残念なことに、少しもちゃんとしていなかった私は、「兵六」の仕事をするうえで一番参考にしたのはヨシキだった。

一目瞭然、「兵六」という空間のなかで一番若い。偉そうな話し方をしてくる人も当然いる。なかには、失礼な物言いをしてくる人もいる。それらを、一つ一つ突っぱねた。「誰にものを言ってるんだ！」と、露骨に嫌な顔もした。「今、ここでの親分は（週に一回だけだが）この俺だ！」という気持ちを前面に出した。

一見大人しそうに見えるヨシキがそうしたように、私もそうやって「兵六」の亭主という位置に座っていた。千尋《せんじん》の谷に突き落とされたこともあるが、結果的に、これ以上はないというほど、腹をくくった私であった。

父という存在

ヨシキを参考にしたのにはもう一つ理由がある。父の存在である。

小さいころ、伯父の家に何度も遊びに行ったが、常に伯父は幼い私に優しかった。だが、「兵六」での伯父は一度も見たことがない。どのように仕事をしていたのかはまったく分からない。父だったらどのように考えるのか、これなら多少分かるので、そこから類推して伯父ならどうするのかと考えた。自分、父、伯父と一直線でつながる言動は、平山家に共通するものであると考えたわけである。言ってみれば、ＤＮＡの三段論法である。

私の父、柴山睦夫は六人兄弟の末っ子で、長男の平山一郎とは二四歳離れている。寅年なので「寅吉」という名前にしようと祖父は考えたようだが、隣の家にいた猫が同じ名前だったのでやめたという。兄姉たちに可愛がられつつ、からかわれていたことだろう。

末っ子なので婿養子に入り、柴山姓になった。見た目も性格も、兄弟のなかでは一番一郎に似ていると言われ、その性格はただ真っすぐで生一本。背筋をピンと伸ばして歩く姿についたあだ名は「電信柱」だった。

真珠湾攻撃で九軍神となった横山正治（一九一九～一九四一）をモデルとした小説『海軍』に憧れ、鹿児島二中（現・甲南高校）、海軍兵学校へと進学した。この小説は、朝日新聞に一九四二年に連載されていたもので、著者は岩田豊雄（獅子文六の本名）であった。小説で横山は「谷真人」となっていた。私の本名である「真人」は、この主人公からとったものである。

「軍国少年」という言葉があったが、父はまさにそんな少年だった。「特攻隊に入り、死ぬつもりだった」と、のちに語ってくれた。上海の文化に触れた伯父は身のこなしもシャレた人だったが、それに比べて父は、まったく融通のきかない軍人そのものという男だった。

小説『海軍』は一九四三（昭和一八）年に映画化（田坂具隆監督、松竹）されているが、海軍兵学校のあった江田島や鹿児島二中でロケが行われたと聞く。父を含む当時の在学生たちは、軍神、すなわち神だと崇める横山を役者風情が演じることに我慢がならなかった。しかも、偉そうに校長室を控室として使うというのを聞いて、「そんなふざけた話があるか！」と校長室まで直談判に行ったという。

憤懣やるかたない父たちは、棒倒しのシーンのエキストラとして出演することをいいことに、主演を務めた山内明（一九二一〜一九九三）をボコボコに殴ってしまったという。微笑ましい、では決してすまない。若気の至りとはいえ、大変なことをしでかしてしまったわけだが、鹿児島二中にはそういう校風があったのだろう。

そんな話は戦後も続いた。日米合作映画『トラ・トラ・トラ！』（一九七〇年）は、当初、日本側の監督は黒澤明（一九一〇〜一九九八）だった。黒澤は、既存の俳優をなるべく使わない方針で配役を決めていった。山本五十六の役は高千穂交易の鍵谷武雄社長という一般人であったし、父を含む海軍兵学校のＯＢにも声がかかった。

当時、父は文具店を営んでおり、時間にも融通が利いたのか、この出演依頼に対してＯＫをした。割り当てられた配役は連合艦隊副官の後藤茂、山本五十六の副官であるから出演シーンも多い。衣装の仮縫いなどをしたのち、関係者がすべて揃う記者会見が「ホテルオークラ」で行われたときに父も出席している。会場まで、野暮ったいジャンパーを着ていったようだ。何しろ、ただの文房具屋のオヤジでしかない。ところが、自分のためだけに採寸・縫製された軍服に袖を通すと、自然と背筋が伸びたという。

　海軍兵学校当時、立ち方、座り方、目線の方向、帽子の置き方、すべてを徹底的に教わったことが四〇歳を過ぎてもなお、骨の髄までしみ込んでいた。父のその姿を見て、近くの席に座っていた山崎努氏がテーブルについていた肘を慌てて戻しながら、「柴山さん、

『トラ・トラ・トラ！』の台本（決定稿）の表紙

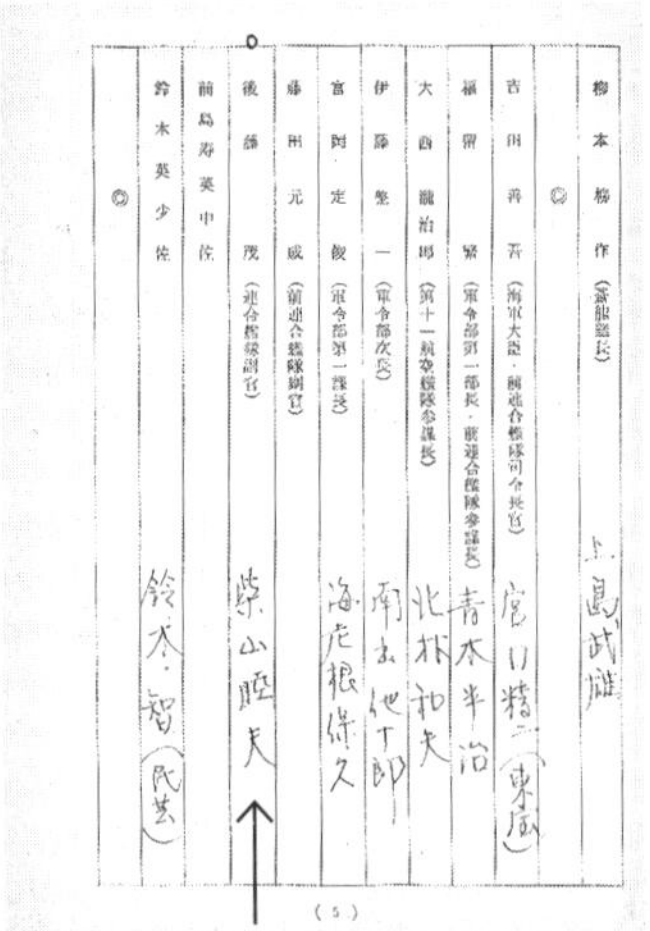

柳本柳作（蒼龍艦長）
◎
吉田善吾（海軍大臣・前連合艦隊司令長官）
福留繁（軍令部第一部長・前連合艦隊参謀長）
大西瀧治郎（第十一航空艦隊参謀長）
伊藤整一（軍令部次長）
富岡定俊（軍令部第一課長）
藤田元成（前連合艦隊副官）
後藤茂（連合艦隊副官）
前島寿英中佐
鈴木英少佐
◎
（5）

配役一覧に父の名前がある

私は何度も撮影で軍服を着ましたが、どうしても柴山さんのようには着こなせません。黒澤さんが海兵出身の方々を採用した意味が今日分かりました」と、しみじみ言ったという。

台詞はなくとも、訓練を受けてきた人々が画面にいることで映画自体が引き締まる。黒澤は、このように考えたのではないだろうか。

だが黒澤は、素人だからといっても撮影現場では容赦がなかった。

「副官の顔が笑って見えるぞ!!」

父は、海軍兵学校当時も上級生によくこう言われて殴られたそうだ。真面目な顔をしているのに笑っているように見えるらしい。優しい顔をしてるからそう見えるのだろう。しかし、世界の黒澤はそれを見逃すことはなかった。

「緊迫した場面で副官が笑ってたらダメだろう!」

言うことはもっともだが、演技については何も分からない文房具屋のオヤジでしかない。さらに追い打ちをかけるように、「それでも海兵出身か!!」と言われた父。黒澤組の面々

衣装を着た父、柴山睦夫

は、監督が怒っている姿を見て青ざめたかもしれないが、その話を聞かされた我々家族も青ざめた。父に、その言葉は禁句中の禁句なのだ。

「愚弄するのか⁉」

一時は死ぬ覚悟だった人間にそんなことを言ったら、間違いなくキレる。手袋を投げつけ、「もう辞める！」と言い放って現場を後にした（これぱっかりは黒澤監督のほうが悪いよ）。

楽屋に引っ込んだ父を慌てて追いかけてきたプロデューサーがなだめ、父は説得されて現場に戻り、その後も撮影は進んだようだが、それからしばらくして、「黒澤はお金を使いすぎる」という理由で監督を下されてしまった。表向きは健康上の理由となっているが、素人の父にその調子でやっていたら、確かにスケジュールは押すし、時間とお金ばかりかかってしまうのは火を見るより明らかだ。残念だが、仕方がない。

その後を継いだ監督（舛田利雄、深作欣二）が製作した『トラ・トラ・トラ！』には、あれほど多かった父の登場シーンは一カットだけになってしまっていた。

相手が世界の黒澤明だろうがなんだろうが、プライドをないがしろにされて黙っているわけにはいかない。それが平山家に生まれた男において、一番大事なことである。このエピソードにかぎらず、父の言動は常に一貫していたし、それをカッコいいとも思っていたから、私が同じようになっていくのも自然な流れであった。

とはいえ、平成であったこの時期、そのような薩摩武士の気風を受け継ぐ軍国少年の暑苦しさは異端でしかない。周りの大学生はバブルを謳歌、女の子と戯れることが何よりも大事で、勉強も適当、単位が取れて、まあまあのところに就職できれば万々歳であった。その就職戦線は売り手市場、学生のほうが「就職してやってる」と思い込んでいるような時代であった。その直後にバブル崩壊が待っていようとは……浮かれすぎた学生のなかにそれを予想した者は誰一人としていなかった。

そんな環境のなか、私のような暑苦しい人間は浮いていたし、「自分はおかしいのかな？」と疑問に思っていたわけである。

「兵六」に入って、父を想う。近くにいるとうっとうしい親という存在が、ワンクッション置くことで理解できるということがあった。一見対極に見える父とヨシキに共通するものを見つけられたのは、「兵六」で働くことができたおかげだ。

平成になったばかりのあのころ、「X」があれほど多くの支持を得たのは、私と同じように鬱屈した気持ちでいた人が多かったからだろう。どうしても、順風満帆な人生設計をうまく行っている人と比べてしまい、「自分は負け組だ」と落ち込んでみたり、私のように自己肯定感をかぎりなくゼロまで落として、「生きる価値がないのではないか？」とまで思ってしまう。そんな同志が「X」に、日本のロックに救われていた。

私にとっての青春とは、甘酸っぱくも懐かしくもなく、ただ苦く絶対に戻りたくない期間だが、今でも心の核となる原点なのだろうと思ってしまう。思い出したように聴いてみたロックバンド「黒夢《くろゆめ》」の『少年』（作詞・作曲：清春、一九九七年）に思わず涙が出てしまったオッサンの私のなかには、あのころの少年がまだ住んでいて、いまだに青臭さを漂わせている。

♪　この狭い地下室では何か狂っている　狂っている
わずかな祈りを繰り返し　少年は信じてる
誰の声より誰の夢より　逆らう事　逆らう事
逆らう事　逆らう事　Boy!　♪

どんなにダメだと思っても、どんなに自己肯定感がゼロに近づいても、わずかな願い、「生きたい」という想いはあった。消えてしまいそうだったが、胸の奥には確実にあって、消えないよう胸に手を当てていた。わけもなく叫びだしたい衝動に駆られるが、それを何とか押さえつけ、ヘッドフォンで音楽を聴きながら我慢する。私にとっては、それがロックであった。

戦前戦中から戦後すぐの若者には、それが詩であった。「兵六」、「ミロンガ」、「ラドリオ」の界隈には、まだその息吹が遺っている。彼らは、絶対にかなわないような国家権力と戦ってきた。暴力で圧力をかけられてもペンを折らなかった。就職した同年代の者たちは、いつまでたっても青臭い私のことを笑うだろうが、おそらく神保町の幽霊たちは笑わないだろう。伯父や伯母、「兵六」のお客さんだけでなく、これらの幽霊たちにも助けられて、私は遅まきながら、叫びだしたい気持ちを殺すことなく、自らのなかに生きている「少年」を核にして「自分」を確立していった。

　父は生前、「二五歳までに何かを見つけろ！」と言っていた。生まれてから一万日、何とか間に合ったのかな？　いびつな形かもしれないが、私はどんなに叩かれても折れない人間になった。「兵六」とその近くに棲む

「兵六」（右手前）、「ミロンガ」、「ラドリオ」の通り

幽霊たちはその恩人であり、私はそれらを命がけで守らなければならない。暑苦しいが「兵六」の亭主だ——それくらいでちょうどいいだろう。

ヤツとの出会い——躁うつ病を克服

銀河鉄道と言えば何を思い出すだろうか。宮沢賢治（一八九六～一九三三）の童話『銀河鉄道の夜』（新潮文庫など）を思い出す人もいるだろうが、私の世代はやはり松本零士原作の『銀河鉄道９９９《スリーナイン》』（「アンドロメダ編」少年画報社、一九七七年～一九八一年。「エターナル編」小学館、一九九六年～一九九九年）となる。

大学生当時の私は、星野鉄郎のように熱血ヒーロー然とはしていなかったし、隣にメーテルもいなかった。どちらかと言えば、『銀河鉄道の夜』に登場する孤独な少年ジョバンニのようにおどおどと、自信なさげに生きていた。だが本当に、カンパネルラのような人と出会い、二人で銀河鉄道の旅へ行ったような短い日々があった。

とはいえ、相手は一人ではない。その人たちのおかげで、私は躁うつ病を克服したとまで思っている。特徴的な事例を以下で紹介したい。

ヤツと出会ったのは大学四年の一月で、順調に行けば卒業試験の真っただ中であるはずだった。卒業するための単位がまったく足りていなかった私は、同じ学年の人たちみたいに就職活動を一切していない。だから、髪の毛は相変わらず茶髪で長いままであった。唯一出席を続けていたゼミの後輩をキャンパス内で見かけたが、ヘビメタ研究会だった彼の髪の毛はすっかり短く刈られて、一瞬誰なのか分からなかった。

小太りの長髪も似合わなければ、今のヒヨった髪形も似合わねーな、そうやって長いものに巻かれている人間のどこがヘビメタなんだよ、と独《ひと》り言《ご》ちた。

何となく大学に来て、何となくノートのコピーを知り合いからもらって、何となく眺めてみても、記述式の試験は一行だって書けない。それでも、何となく大学に来ている自分は、短髪の似合わないヘビメタ後輩を笑える立場にはない。人類史上もっとも甘やかされた人種と言われた当時の大学生のなかでも、「最底辺」に位置していることだけは自覚していた。

やっぱり帰るかな、と思った矢先、同じゼミの女の子が見知らぬ男と一緒に歩いてるのを見つけた。やはり四年生だというのに、真っ赤なチェックの上着に、肩まで伸びた長髪であった。刈り上げのサッパリした髪形が主流の時代である。浮き具合でいけば私の上をいっている。何となく嬉しくなって、床にドカッと座ってみたら、ヤツも同じようにドカッと座ってきた。

バブル期の大学生は、お上品にも「朝シャン」と称して毎朝シャンプーをしてから一日をはじめていたので、シャンプー会社は売上額が倍増して笑いが止まらなかったことだろう。同じく、電車の吊り革などは雑菌だらけだとして、二〇二〇年のコロナ禍のように消毒・殺菌用の衛生商品を売りまくった。だから、当時の若者は「潔癖世代」とも呼ばれたが、これも「消毒しないと病気になる」と触れ回る広告代理店に洗脳された結果である。

　この潔癖ブームに反旗を翻す意味で、朝シャンなんてしなかったし、ハンカチも持とうとしなかった。今となっては、それもどうかと思う。だがまぁ、ベンチに座るときにも男がハンカチ広げるという風習に辟易としていたから、同じように地べたに座ってきたこの男、「何かある！」と嬉しくなってしまった。

　蛇足ながら付け加えると、この数年後、「地べたリアン」と呼ばれ、どこでも地べたに座り込むという若者が急増し、世の常識ある大人たちが一斉に眉をしかめたが、言ってみれば私たちはそのさきがけである。潔癖すぎる男たちに、多くの少年たちが辟易していたのだろうと思う。

　その後、めでたく二人はそろって留年し、いつも私はヤツと一緒にいることになった。一人暮らしのアパートへ行くと、コーヒーとタバコの匂いがした。長身で痩せていて、さっとパスタをつくってくれたりする。私よりも年下だったが、お兄さんみたいな感じであった。焦ってはいるけれど何もしない自分とは対照的に、表情は常に穏やかで、落伍者的な生活をしているくせにアクセクしたところが、つもない。『銀河鉄道の夜』に登場するカンパネルラのような人だと思っていた。

パチンコをするようになったのもヤツの影響である。体調を崩したからバイトを早退したと聞いたので、心配して行ったらパチンコをしていた。隣の席で見よう見まねでやってみたら「大当たり」を出してしまった。五〇〇円が一瞬で五〇〇〇円になってしまったので、その夜は二人でファミレスに行った。ヤツといると、なんでもうまくいくような錯覚すらあった。

ヤツは左利きで、腕時計を右手首にしていた。ポール・マッカートニーがそうらしく、ビートルズの曲と言えば『イエローサブマリン』と音楽の教科書に出ていた『イエスタデイ』くらいしか知らない私とは大きな違いである。絵を描かせてもうまく、「こんなにうまければプロを目指せばいいのに！」と強く言ったが、ゴニョゴニョと生返事だけをして、それ以後描くのをやめてしまった。

そういえば、絵は右手で描いていた。幼少のころ、親に矯正されて鉛筆も絵筆も右手で持つようになったのだと言う。利き手で描いたら、もっとうまかったのかもしれない。何もできないくせに功名心だけはあり、ゼロに近い自己肯定感を爆上げしたいと思っていた当時の私は、才能がある人がうらやましくて仕方がなかった。だがヤツは、寝転んだ背中越しに、「絵の才能なんて、あってもどうせ食っていけない。そう親父に言われて絵筆を折られた」と言い、それ以上絵の話をしてはいけないような雰囲気になった。

ヤツが我が家に来てくれたとき、本棚に学研の百科事典が並んでるのを見て、「俺んちにもあったなー」と懐かしみ、次のように言った。

「病弱で、毎月一回は学校を休んでいたから、家で百科事典開いて、国旗のページを眺めてた」

「そうそう、字を読むのは疲れるから、俺もカラーのそのページ見てたよ」

「運動会の万国旗って、なんか楽しいことの象徴のような気がするんだよな」

「俺も俺も。ウルトラマンのさー……」

「ジャミラ！」

手をウルトラ水流の形にして、ヤツに向かって「シュー！」と水流を放つ仕草をすると、ヤツもとっさに反応し、Tシャツを頭にかぶってジャミラとなり、「ウワァー！」と言って床にのたうち回った。

ジャミラは水に弱いのだ。もう少し解説を加えるならば、初代ウルトラマンとジャミラが戦ったのは、万国旗が無数にはためく国際会議場だった。のたうち回るジャミラが万国旗を潰してしまう、それが印象的な戦いだった。

「兵六」にも来てくれた。酒が強いと思っていたヤツに、みんなが「美味しい」と口々に言っている米焼酎をすすめた。チビリチビリと、大事そうにたった一杯だけ呑んでいた。店にいる間はしっかりとしていたのだが、閉店後に私と一緒に帰路に就いた途端、フニャフニャになってしまった。まだ酔っ払いに慣れていないころだったから、急に酔いが回ったヤツの姿を見て、「こんなことってあるの⁉」と思ったが、大きな体をおんぶして、何とかアパートまで送り届けた。

ヤツにだけ、秘めている夢の話をした。

「いつか、本を書きたい」

とことんダメ学生の私が本を書く。たいして勉強しているわけでも、そのための努力をしているわけでもない。ヤツは否定も肯定もしなかったが、「売れる本を出したい」と言ったら噛みついてきた。

「X」のヨシキの考えに傾倒していた私は、作品はたくさんの人に読んでもらってナンボなんじゃないか、と思っていた。シャンプーのように、多く消費することに価値を置く世の中だからこそ、その消費社会に斬り込んでいき、「ホンモノとはコレだ！」と多くの人に提案する。そんなヨシキに共感をしていた私に、「大事なのは金じゃないだろう？」と取り付く島もなかった。

「お金は一銭ももらえなくていい。本当に納得できるものが表現できたら、その瞬間に蒸発したい」

なぜ、ヤツがこんなことを言うのか、どうしてそんな考えに至ったのか……。それまで、私は

コラム　「兵六」で出しているお酒と呑み方

さつま無双（鹿児島）――さつまいもの自然な風味がしっかりと味わえる伝統的な薩摩の本格焼酎。25度。ロックでも水割りでもその風味は失われないが、「兵六」では昔から燗のみ。以前は生のまま出していたが、いつしかお湯割り用の白湯を小さなやかんに入れて一緒に出すようになった。一番呑まれている。

むぎ「白蜂」（鹿児島）――さつま無双と同じ蔵元でつくられている麦焼酎。白麹仕込みから生み出された上品で爽やかな香りと優しい口あたり、すっきりした飲み口が特徴の本格麦焼酎。25度。女性がラベルや名づけに関わったそうで、ちょっぴり可愛い。「兵六」では、冷蔵庫で冷やして出している。

峰の露（熊本）――球磨焼酎の本場、熊本県人吉市の「織月酒造（明治36年創業）でつくられている米焼酎。昔ながらの製法でつくられており、「兵六」では冷凍庫で冷やした35度のものを出している。度数が高いので凍らない。「兵六」で一番旨いお酒だが、一番危険なお酒であり、これを呑んで失敗したというエピソードには事欠かない。

美少年（熊本）――鹿児島では「酒」と言えば焼酎で、日本酒は「清酒」と区別していることが多く、「兵六」もそれに倣って品書きも「清酒」としている。鹿児島では清酒がつくられていないので、日本最南端でつくられている日本酒となる。「兵六」では、美しい白い徳利で「燗」か「冷や」で出している。

キリンラガービール（大瓶）――130年以上飲み継がれている日本を代表するビール。「焼酎を広めたい」という初代の意向があるため、「兵六」では一番値段が高い。高級品のため、学生が呑もうとすると「学生のくせにビールなんか頼むな」と怒られたというエピソードが残っている。大瓶（633mℓ）しか置かないのも、初代の頃からの伝統。

まったく考えたこともなかった。自分のことばかりで、一緒にいて楽しいから、何でもうまくいってしまうような気がするから行動をともにしていたわけだが、ヤツのことを何も理解していなかった。

この日以来、何となくヤツとの間に溝ができてしまった。それでも、どうしても行きたかった「X」のカウントダウンライブには二人で行った。一九九六年一二月三一日のことである。

東京ドームの一番後ろの席だったが、それでも大満足だった。言うまでもなく、その日は大晦日、地下鉄も二四時間動いている。何となく思い付きで買ったワインのハーフボトルをカバンに忍ばせていたが、地下鉄のホームに座り（もちろん、地べた）、壁に背中を預けて二人でラッパ飲みをした。ほとんど呑めない私は少しだけ、ボトルのほとんどをヤツが呑んだが、それでもものの凄く酔っ払ったことを覚えている。

これから俺たち、どうなるんだろうか……。初詣に出掛けるのか、たくさんの人の足が目の前を通りすぎていく様子を、二人並んでぼんやりと見ていた。

突然、ヤツと連絡がつかなくなった。会えなくなって、半身をもぎ取られたような痛みを感じ、どうしていいのか分からずパニックになった。病気を抱えていたようだし、体調が悪化したので実家に戻ったのか。『故郷は遠きにありて想うもの』と室生犀星（一八八九～一九六二）の詩を引き合いに出して、「実家には絶対帰らない」と言っていたヤツである。

このとき、一週間だけ住み込みで働いた長野県の農家の奥さんが、二人きりになったときに言っていた言葉を思い出した。

「一度は東京に行きたかったから、高校を卒業して働きに出たけど、何年かしてここに戻った。それは同時に、会ったこともない親が決めた人と結婚して、農家の嫁になると承諾したことと同義なんだ。私は、東京に負けたのよね。それで、結婚したのがあの人」

そんなことが平成の日本にまだあるのかと愕然としたが、事実である。ヤツにも、私なんかには理解できない事情があったのかもしれない。

それにしても喪失感がひどい。食欲がなくて眠れない。幸福な気持ちでいたからこそ、その反動で落ち込んだのだろう。どんな事情であろうが、私をこんな目に遭わせたヤツを恨んだ。生きていく自信をまったく失ってしまった。

あまりの喪失感に愕然とし、風が抜けるほど大きく空いてしまった心の穴を何とか埋めようと、生まれて初めてやけ酒を呑んだ。ショットグラスにウィスキーをストレートで並々とつぎ、それをひと息であおる。琥珀色の液体が食道を通り、胃に到達した瞬間に拒否反応を示した。世界がグルグルと回りだし、椅子に座っていることもできない。床に這いつくばるようにして何とかトイレまでたどり着き、胃袋に入っているものをすべて吐きだした。

洋式便器にすがるようにして泣いた――人生において、もっともみっともない瞬間のワンシーンである。

やけ酒というものはやはりやるべきではないなーと実感した翌日からも、ちょっとしたことで嗚咽しながら衝動的に泣くという生活がずっと続いた。なぜ置いていかれた、なぜ何も話してくれなかった――私が夢をかなえる瞬間を、そばで見ていてほしかった。

しばらくして、少し大きめの封書が届いた。差出人は書いていない。開封してみると、B5サイズの紙に鉛筆で描かれた私の笑顔だった。慌てて裏側を見ると、「左で描いた」とだけ書いてあった。繊細なタッチで描かれたそれは、私よりも私らしく、見たことないくらいうまい。心を動かす絵で、それを見た私はうずくまって号泣した。

ヤツも、私と離れ離れになることが同じように苦しかったのだ。自分だけだと思っていたが、そうではなかった。ヤツの辛さが伝わってきて、思わず手を合わせた。

「この男のこれからが、絶対に幸福なものになりますように……」

自分のなかからとめどなくあふれてくる真の感情、養老の滝（岐阜県養老公園内）のようにとどまることがない。永遠に湧き続け、このまま世界中を満たしてしまうのではないか。どこにいるのか分からないヤツにこの祈りが届かないわけがない、と確信して、ずっと泣きながら祈り続けた。

あふれ出てくる「自分」は、体の半分以上は失われたと思っていた私を復元し、黒く冷たくなっていた肉体を温かく包み込んでいった。絵を見るまでエゴしかなかった小さな自分を抱きしめる。「心って、目に見えない子宮なんだな……」と、当時書いていた日記に綴った。

自分と自分以外の誰か、お互いにむきだしの感情が交わると新しい何かが心から生まれてくる。それは、地球よりも、宇宙よりも大きい無限のものかもしれなくて、誰にも癒せなかったボロボロの自分さえ包み込んで癒し、パワーアップすることができる。自分のなかに心があれば、この先、何が起きてもなんとかなる——そう確信した瞬間だった。

ヤツのその後は分からない。死んでしまったかもしれないし、結婚して親になり、幸福な家庭を築いているのかもしれない。どこにいても、仮にそこが天国であっても、私の祈りは間違いなく届いている。ヤツが私の祈りのおかげでうまくいってることがあったとしても、それが私のおかげだと気づく必要はない。そんな祈りを胸に秘めている人は私一人ではないからだ。

そんなものが世界中にあふれている。ようやく顔を上げて周りを見わたし、胸いっぱいに空気を吸い込む。そんな祈りと善意が肺の中に入って、血と混じりあって体を駆けめぐる。たったそれだけで、私は幸福な気持ちになって満たされる。この世界は壊してはいけないし、すべてに意味がある。

「9」のエネルギー

その数か月後、中島らも（一九五二～二〇〇四）の『訊く』という本を読んだ。今でも一番好きな作家である中島らもが、あらゆる「達人」たちに極意を訊くという対談集である。

中島らも自身、アルコール依存症と躁うつ病に向きあっていて、それをテーマにした作品も多い。対談やエッセイにもそのようなテーマを扱うことが多かったので、私自身も随分勉強になった。

この本では、中島らもが興味をもっている分野の達人を招いて話を聞いた様子が描かれているわけだが、プロレスや音楽の話以上に私が興味をもったのは最初に登場する三人である。「精神科の達人」、「漢方の達人」、「気功の達人」の話は何度も読み返しており、今でも常に頭からすぐに引き出せる状態となっている。

『訊く』講談社、1996年

そのなかで、躁うつ病の仕組みを東洋医学の立場から解説した気功の達人「鍼灸師　李敬烈」の話は、これぞ溜飲《りゅういん》が下がるという思いがした。

李さんは、感情が暗いエネルギーを「6のエネルギー」、明るいのは「9のエネルギー」と呼んでいる。


だいたい明るい人というのは病気しにくいですね。暗い人のほうが病気しやすい。われわれは、感情の暗いエネルギーを「6のエネルギー」って考えるんですよ。書けばわかるように、内向きに内向きにと入ってくる。逆に、明るいのは「9のエネルギー」。外向きです。楽しいことがあると、中心から外へ外へと「9のエネルギー」が広がり、「6のエネルギー」を中和してしまうんです。暗い人は6が中和されずにグーッと固まって、重みを増してくる。これが病気の原因になるんです。（前掲書、五五ページ）

中心とは、おそらく胸のあたりだろう。楽しいことや嬉しいことがあると胸のあたりが暖かくなって、グルグルと外向きのエネルギーが生まれてくる感じが分かるし、逆に怒られているときや悲しいときは暗くて黒いエネルギーが内側へ向かっていき、重苦しくなる。なるほど、東洋医学は面白い。

学校や親は、「こうしなさい」、「あーしなさい」、「男らしくいなさい」、「真面目にやりなさい」

などと言ってばかりで、どうも萎縮してしまう。これが「6のエネルギー」であり、放っておくと穴が空いてしまう。

さらに、精神病の原因についても、この感情のエネルギーで説明がつくと言っている。

> 6のエネルギーは体全体から胃に向かって渦を巻いていくんですが、これが極端に収縮すると、あちこちに穴ぼこができる。これが、いわゆる心に穴があいた状態で、人はものすごく寂しくなります。(前掲書、五六ページ)

これが、心にすきま風が吹くという感覚だろうか。この状態になると、人はものすごく寂しくなると言っている。この穴を埋めるために、酒、女、ギャンブルに走るというのが依存症である。一時的に慰められたとしても、すぐに元通りになってしまう。当時、パチンコを毎日のようにしていたし、酒は呑まないがニコチン中毒で、風邪を引いていても、台風が上陸していても、タバコを欠かしたことがなかったのでよく分かる。

また一方で、自分から穴を埋めようとせず、一人で塞ぎ込んでじっとしている人もいる。この場合は、穴の中に他人の想念がいきなり入ってくる。新しい発見をしたような気持ちになって楽しくて仕方ないが、所詮は他人の想念だから、あるときガターッと抜け落ちて、また穴ぼこだけが残ってしまう。このとき、ものすごい寂しさにとらわれてしまう。この状態が繰り返されるのが躁うつ病である。

この、依存症と躁うつ病の原因が、「6」と「9」のエネルギーで説明できるというのはなかなか興味深かった。体に穴が空いたり、胃がキューッとなるのも実感としてあった。春の空気が私の穴に入り込み、狂ったように幸福感を感じたときはやはり躁状態であった。ヤツが一緒にいてくれて、ヤツのそばにいれば何でもうまくいくような錯覚があったのは、一種の依存症であったのだろう。失われてしまったときに極端に寂しく、悲しくなったのはそういうことだ。

だが、ヤツの悲しみを知り、何でもいい、ヤツのために何かをしたい、心から幸福になってほしいと願い祈ることで、開いてしまった自分の穴が修復されていった。自力で、穴を塞ぐことに成功したのだ。

李さんは続ける。

健康な人、心の使い方がうまい人は、穴ぼこを自分の力で直すことができるんですね。（中略）胸のところに意識を置いて、9のエネルギーをパーッとひろげていくんです。常に、満たされている思いをひろげて、快活な状態をつくる。禅みたいですが、足ることを知る。これを知っている人は、人生の達人です。（前掲書、五八ページ〜）

なるほど！　座禅を組んで、他者からの情報を遮断し、己と向き合うことで何が得られるのだろうかと不思議に思っていたが、自分を満たすことは確かにできる。最近はやりのマインドフルネスにも通じるのかもしれない。

一人で「兵六」にやって来るお客さんに、こちらから話し掛けることはまずない。仕事や家庭のことが原因で胸のあたりにぽっかり空いてしまった穴を、焼酎を呑むことで静かに満たそうとしているのだろうと思っているからだ。あくまでも、お酒と「兵六」はきっかけにすぎず、胸からあふれてくる「９のエネルギー」に意識を集中させれば、禅にも通じる人生の達人となる。だから、私はなるべくそっとしておくことにしている。

カンパネルラは、あのまま行方不明になってしまったのだろうか。その後、ジョバンニはどのように過ごしたのだろうか。私のなかのジョバンニは、今でもやはり私の真ん中にいて、今はちょっと自信に満ちた顔をしていて、とても元気である。ヤツと二人で銀河鉄道の旅へ出た短い期間、ヤツとは銀河の果てではぐれてしまったが、喜びの絶頂と悲しみの絶頂を行ったり来たりした末、私は心の使い方を習得した。

穴ぼこが開くこと、これからの人生においてまだあるだろう。だが、その穴をすぐ埋められるだけの自信はついた。心が広げる「９のエネルギー」は、イメージだけで銀河の果てまで満たすことができる。ヤツだけでなく、私とかかわってくれたすべての人やモノ、ありとあらゆるものに向けて感謝の気持ちを唱え、手を合わせている私が「兵六」にいる。

「兵六」のおかげで、人格の土台が完成したと私は思っている。では、人格形成がちゃんとなされたのか？　それはよく分からない。まだまだ立派な人間にはほど遠い、というのも間違いないだろう。生まれたときは一本足、成人して二本足で立ち、それでもまだグラグラしていたが、「兵六」に出合ったことで三本足で立つカメラの三脚くらいにはなれたと思っている。安物の三脚だし、ほんの少しの成長でしかないが、それまでの自分との違いに我ながらビックリしている。

他人の間違いが気にならない。少しひどいことを言われても笑って切り返すことができる。自分の存在をアピールするためにあくせくしない。「何か」になるために、無駄なものを無理やり得ようともしない。自己肯定感はかぎりなくゼロに近かったが、ちょっとしたことで何十倍にもなるものだ。

中途半端な人間だと自覚しながらも、「兵六」の矢面に立つ覚悟をもち、退路を断つ意味からも「三代目」を名乗ることにした。私が三代目になったことで、初代の長男であった平山俊一はようやく「二代目」になった。ある意味、恩人でもある俊一からのバトンをつなげることができて少しホッとしている。点より線のほうが強いのだ。弱腰にもなりかねない私の背中を、初代と二代目が支えてくれている。

とはいえ、細かいことによく気づいてしまうという性格は変わらない。平山一郎のように泰然自若としていたいが、神経質ともとれるこの性分、「兵六」の亭主としての適正には合わないのではなかろうか？　いやはや、悩みは尽きない……。

箸休め――「兵六」はモテル店

「兵六」の常連になると女性にモテル、という話ではない。あえて誤解を招く表現をしてみた。

「兵六」に行ったらモテるか……むしろ、逆のように思うがどうだろうか。だが、以下の文章を読むと、もしかしたら女性にモテルようになるかもしれない。

「兵六」の三代目亭主になるというのは、やはり大きなプレッシャーである。幸か不幸か、同じポストに就いている人間は世界中に私一人である。接客を私一人がやっていて、毎日、何十人というお客さんたちと接している。暖簾《のれん》をくぐって最初に目にするのは私の顔であるし、最初に耳に入ってくる声も私の声だ。

お出ししている焼酎は初代のころから何一つ変わっていないし、料理も多少の変化はあるにせよ、人気メニューはほとんど変わっていない。店内の様子もほとんど変わらないとなると、変わったのは亭主だけだ。

売上が落ちた、客数が減った、またはお客さんの満足度が落ちた、リピート率が下がったとなれば、ほかは何も変わってないのだからそれは私の責任となる。細かく分析すればほかにも理由が出てくるだろうが、このように神経質に思ってしまう。バンドで言えば私がボーカルで、観客に向かって歌ったり話したりする。厨房は、さしずめドラムとベースだろうか。

一九九〇年代のバンドブームで雨後の筍のように多くのバンドがデビューしたが、ブームが下り坂に入ると、あんなにも「キャーキャー」言われていたバンドですら、ライブ会場では空席が目立つようになった。そのとき、観客の反応や様子をモロに感じとってしまうのがやはりボーカルで、バンドブームが去ったあとは、多くのボーカルたちが心療内科に通うようになっていったそうだ。

「兵六」の売上が下がり、評判もガタ落ち、責任を感じて私はどんどん心を病んでいく……うっ、考えたくもない。

私がやれることは、まずはご先祖の顔に泥を塗るような真似をしないこと、そして一生懸命やることくらいだろうか。それくらいしか、ダメ学生だった私には引き出しがなかった。

初代である平山一郎が同じ場所で「兵六」を開店したのが四五歳。単純に年齢がずっと上なので、同じことはできるはずがない、という思いもある。まだまだ精神修行中と言ってもしばらくは許されるだろうが、言い訳ができない年齢になったとき、どんな男としてここにいるのだろうか。存在だけで多くの人を魅了して、店を支えることができるようになっているのだろうか。そういう男とは、一体どんな男なのか。どのような努力をし、何を勉強すればそうなれるのか。ものすごく考えたし、いろんな人を観察してきた。

たとえば芸能界だ。元暴走族なんて人が俳優になったり歌手になったりしている。ケンカだったら絶対に負けないという人が、北島三郎やタモリに頭を下げている。「相手が和田アキ子だったら本当に負けるから、言うことを聞くんだ」とタモリがよく言っていたが、和田アキ子だって同じように「何か」があるからみんなが恐れを抱き、尊敬して頭を下げているのだろう。

力士の千代大海が、「千代の富士と出会って、初めて自分より強い人に出会ったから弟子になった」と話していたが、これは割と分かりやすい。「何か」人間として発するものがあったからこそ、師匠と慕ったのだろう。決して、怖いから従ったわけではないはずだ。

その「何か」を探るために、あらゆる観点から考えてみた。「女性にモテル」のもその一つのアプローチである。

自慢ではないが、私はまったくモテない。幼少期から父のしつけで、「そのようなことにうつつを抜かす男には断じてなってはいけない」という言葉を何度も聞いていたせいもあるが、それを差し引いても「モテル」とは縁遠い人生である。

一九八〇年代の前半、中学時代は不良がモテていた。後半になる高校時代は、ジャニーズ事務所に入っているような美少年と、「メンズノンノ」のモデルのようなカッコいい人がモテた。言うまでもなく、私はどちらにも属していなかったし、次にモテた「面白い人」ともかけ離れていたので、少なくともモテル才能にはまったく恵まれなかった。モテルのは一部の天才だけに許された領域なのだろう、と最近まで思っていた。

ところが、である。モテルためには努力が必要であると知ったのは、結婚して子どもが生まれてからである。イケメンでなくても、お金持ちじゃなくても、後天的にモテル方法があるというのだ。

きっかけは、何の気なしに眺めていたスマホである。画面には、脳科学者である中野信子（東日本国際大学特任教授）の動画が流れていた。彼女は次のように言っていた。

「女性にとって妊娠・出産は生命を失う危険が伴うので、相手選びには慎重になるし、そのリスクを超えるため、脳は『恋愛』というバグをおこす」

すでに子宝に恵まれていた私は、妊娠・出産がどれほどの苦労を伴うのかについて独身時代よりは分かっていたので、それについては「なるほど」と思う一方、それにしても恋愛＝バグなの⁉　と思っていた。「この世に大切なのは愛し合うことだけ」と『愛の賛歌』のなかで歌われていたはずだが。

それ以来、関連動画などを見ていくうちに、どうすれば女性にモテルのか、結婚できるのか、どんな言動が女性の「脈ありサイン」なのかという動画がたくさん配信されていることに気づいた。「恋愛業界」と呼ばれている婚活やお見合いを企業活動としてやっているところが、心理学、生物学、脳科学などを駆使し、恋愛、結婚を成就させるためのエキスパートを雇って悩める男性にアドバイスをしているというものだ。

このあたりの動画を「濫読《らんどく》」して、最初に気づいた共通点があった。恋愛のプロが口を揃えて、「自分の話はまったくしないで、女性の話に耳を傾けて肯定しまくるべし」と言っていた。えーっ！　そうなの!?　まったくしたことがない。この話が真実ならば、まったくモテなかったこともよく理解できる。

これがもし真実だとしたら、私は五〇年前後も幻想を抱いていたことになる。つまり、お龍《りょう》さんが坂本龍馬に惚れ込んだように、男の人間性や高い志に感銘し、命がけでついてくるという関係を理想像として思い描いてきたので、女性に対して「こんな夢をもっている」などと語ってきたからだ。「兵六」の平山一郎・秀子夫妻だって、そんな風に見えたのだが……。それにしても、早く教えてほしかった。二〇歳くらいのときにこの勘違いを正してもらっていれば、もう少し違う道を歩んでいたかもしれない。

そうは言っても、時計の針を戻すことはできない。そして、新たな気づきがあまりにも多いので、いろんな動画を見てしまった。なかでも興味深かったのは、元ホストの動画である。ホストという仕事は、同じ水商売にかかわる人間であるが、私とは対極にいる人種である。お客として女性しか来ないホストクラブと、ほぼ一〇〇パーセント男性客の「兵六」、同じ接客業でもまったく違う。

ホストは「モテ」を売上に直結させている仕事なので、そこには明確なノウハウがあるようだ。生まれつきモテルという「天才」もいるのだろうが、モテたことがないのに努力で売上を伸ばすホストもいて、これが一つの物語として面白かった。元「非モテ」男が、プロとしてモテルようになっていったテクニックと理論をまとめてみよう。

最初の五分で勝負はつく

「ねるとん紅鯨団」（関西テレビ、一九八七年～一九九四年）というお見合い番組があったが、告白タイムに「友達からはじめてください！」と言うのがあった。友達として遊んだり、話したりしているうちに友情が愛情に変わり……というシナリオを思い浮かべるわけだが、女性は最初の五分で子孫繁栄に適した遺伝子をもった男なのかと判断しているため、「友達」から「彼氏」になることは一〇〇パーセントない。一瞬で見抜く術《すべ》を女性たちは何万年も受け継いで、現在に至っているのだ。

褒めて褒めて褒めまくる

前述したように、相手の話を引き出して、その話をすべて肯定する。ありとあらゆることを褒めちぎる。やりすぎかなと思うくらいでもまだ足りない。自分の話は真実を言う必要はなく、聞かれても適当にはぐらかすくらいでいい。デートなどが終わってお別れをしたあと、女性はたくさん話せて心から満足感を抱きつつ、そう言えばその男性のことについて何も知らないことに気づき、気になってしまう。

一日のうち、この男性のことを考えている時間が増えると、心理学で言うところの「認知的不協和の解消」という脳の動きが活発になり、「自分はこの男性が好きなんだ」と思い込み、自らを納得させるようになる。男が自分のことを話して惚れさせる、これは大きな勘違いであった。

すべて自分が決める

女性に「好きな男性のタイプは？」と尋ねると、かなりの確率で「優しい人」と答える人が多い。それを鵜呑みにした私は、デートと言えば「どこへ行きたい？」とか「何が食べたい？」

と毎回尋ねていたような気がする。相手を尊重することができる「大きな男」をアピールしたつもりだったが……。

これとは逆に、デートの日時、場所から食べるメニューなどもすべて決め、自分の都合で帰ってしまう。「明日、早いから」って具合だろうか。楽しい時間をブッっと断ち切ることで、また会いたいと思わせるのだ。このように、何でも決めてくれる人こそ女性にとっては大きな男なのだ。

一人の女性だけ追いかけない

前項とは逆に、「嫌いな男性のタイプは?」と尋ねると、「浮気する人」と答えるケースが多い。男としてサイテー! もし彼女ができたら、全身全霊で彼女を大事にするぞー! とまだ見ぬ彼女を思い浮かべながら気合を入れたものだが、そもそも女性は、浮気する人以上にモテない男が嫌いである。そんな遺伝子を受け継いだ子どもや孫が、ちゃんと遺伝子を遺していけるのかと不安に思うからである。

浮気も嫌ならモテないのも嫌。じゃあ、「どないせーちゅーねん!」となるのだが、女性の理想は、モテモテ男が自分だけ見ている、なのである。

またほかにもいくつかあったが、私がまったく逆の方向へ進んでいたと思われる四つを挙げてみた。理論的に説明されると「なるほどなあー」と思わず納得してしまうが、ことごとく真逆のことをしていた。これじゃモテないよね、トホホ……と思うのだが、どうして納得するのかと言えば、「兵六」はこの「モテ要素」をすべてクリアしているのではないかと思うからである。

まず、「最初の五分で勝負がつく」について説明しよう。

営業時間中の「兵六」を外から見ると、なかなか心惹かれる景色のようだ。多くの人が「入ってみたいなー、でも、入りづらいなー」と思っているようで、じーっと中を観察しながら通りすぎる人をたくさん見かける。

過ごしやすい季節にはジャロジーの窓が全開になっていて、電球色の店内が丸見えとなる。店内にいるお客さんは、みんな穏やかな表情で和んでいる。とても寛いでいるように見えるはずだが、一種近寄りがたい雰囲気がある。商売としては、なるべくたくさんの人に利用してほしいところだが、この「入りづらさ」はあえて消していない。それでも勇気をもって敷居をまたいでくれたお客さんには大きな声でお迎えをし、射抜くように真っすぐ目を見る。そして、五分間で、「この店は大きな自信に裏打ちされてるんだなー」と感じさせている。

次の「褒めて褒めて褒めまくる」だが、私はお客さんのことを褒めることはほとんどない。

しかし、すべて肯定して、誰かのことを否定することは一切ない。また、「自分のことは言わない」という姿勢は崩さないようにしている。つまり、こちらから話し掛けるということはほとんどないということだ。

初代の平山一郎は、タバコを吸っていたことが多く、まずしゃべることがなかったというから、私もそうなりたいと思い、なるべくしゃべらないようにしている。魯迅《ろじん》の写真が掲げてあったり、教科書で読んだことのある詩人の色紙が飾られていたりと、長くやっている店なのだろうなと感じつつ、よく分からないまま帰り、電車の中で「兵六」のことを考えていたりする。認知的不協和を解消しようと、「そうか、自分はあの店が好きなんだ」と思ってしまうかもしれない。

三つ目の「すべて自分で決める」、これに関しては次のようなこだわりをもって営業している。「兵六」は午後五時に開店して、一〇時半に閉店となっている。誰であろうが、開店前に入ることはできないし、どんな事情があろうともぴったり一〇時半には帰ってもらっている。予約もできないから、前述したように、鹿児島出身の警視総監が若い衆を先に行かせて席を確保したということもあった。

私も同じことをやってみた。とある大手出版社の会長、私でも知ってる人が「兵六」に行きたいと言ってるということだった。開店前に出版部門の社長が席を取りに来て、あとから黒塗りの車が停まって会長のお出ましとなったが、銀盆にお酒や料理を載せてわたすというスタイルは同じで、平等に扱った。

　また、お酒のメニューは五種類しかない。ビールは大瓶だけ、焼酎三種類はすべて呑み方が決まっている（一〇七ページのコラム参照）ので、「芋焼酎を水割りで」と言われても、やんわりと説明して、お客さんのニーズに合わせることは絶対にない。合わせるべきはニーズのほうである、と考えている。

　自分で言うのも何だが、閉店時間はとくに厳しい。呑んでいる酒が残っていようが、ケジメのない客は嫌いである。グダグダ文句があるなら、もう来なくていい。日本刀で切ったように、すっぱりと閉店時間になるのが「兵六」である。

　そして最後、「二人の女性だけ追いかけない」だが、「こういう面倒なことを言う店なんか二度と来るか！」と思う人がたくさんいることは百も承知している。去る者は追わず、縁がなかったけれど幸福でいてください、と祈るような気持ちで追い出す、いやお見送りしている。

　もちろん、店内が満席状態で、せっかく来てくださったのにお断りしないといけない場合もある。そのときは、申し訳ないと思いつつ、頭を下げて「いっぱいです」とお伝えしている。相手がどんな有名人であろうが、偉い人であろうが、接し方は同じである。

商売の教科書のようなものがあったら、おそらく「兵六」とは一八〇度違うことが書いてありそうな気がするが、「兵六」の教科書だとこれで満点となる。初代の顔に泥を塗らないよう、平山家の先祖に顔向けができないような態度はとらないようにして、ない自信を「あるふり」して「兵六」の亭主をやっている。

初代の死後、約三〇年が経っているが、変わらず多くのお客さまに来ていただいている。また、二〇二〇年から二〇二一年にかけてのコロナ禍で飲食店が軒並み大打撃を受けているときも、客足が半減するようなことはなかった。どんな時代であっても、多くの人に「モテ」ているのではないかと自負している。

念のためにお断りをしておくが、先ほど挙げたモテ要素だが、実際にやってみたけどモテなかったといって、「兵六」に苦情を言いに来ることだけはしないでいただきたい。

第4章 HSP侍が斬って斬って斬りまくる

「兵六」にはなぜ電話がないのか

「兵六」には電話がない。令和になった現在でも同じである。店の名刺などに電話番号を記載することは必須のような気がするが、固定電話はない。

神保町らしく、お客さんが戦後すぐの神保町商店会の名簿みたいな冊子を見せてくれたことがある。「こんな冊子まで古本屋で売っていたのか!?」と驚いたのだが、「兵六」にかぎらず、掲載されていた店には電話のないところが多かった。

前章で紹介したヤツと連絡が途絶えてからも、毎日パチンコはしていた。一〇時の開店に「出勤」、よほど体調が悪くないかぎり精勤するという「模範的なパチンコ打ち」と言ったところであるが、少しも自慢にはならない。完全なギャンブル依存だが、「9のエネルギーの法則」（一一二ページ参照）に則って考えると、自分がどんな状況にあるのかが分かって面白かった。依存症の仕組みを私なりに把握できているのは、やみくもにパチンコをしていたときとは雲泥の差となる。

私が週に一回「兵六」で手伝いをはじめたときには、私のほかに学生バイトが二人いた。一人欠け、二人欠けして、私が彼らの曜日も手伝うようになっていき、いつの間にかすべての曜日を私がやるようになった。非常勤が常勤になったわけだが、「週五」でやるようになったときを境にきっぱりパチンコはやめた。

1999年 7 月当時の著者（撮影：杉原真希子）

伝票に描いていたお客さんの似顔絵もたくさんたまってきた。誰にも見せないということを前提にして適当に描いていたのに、だんだんお客さんの間でも評判になっていった。「個展をやればいいのに」と言ってくれたのは、現在の店舗を設計してくれた中島猛詞氏である。建築士のかたわら、芸術系専門学校の講師も務めていて、若い人の作品をたくさん見ている。

自分の落書きなんぞ、人にお見せできるレベルにないと思っていたが、中島さんが言うのなら、二週間の限定で店に飾っていた額をはずして私の似顔絵を展示した。今の私なら絶対にやらない！　大変だったし、プレッシャーも並みではなかった。反省もたくさんあって、思い出すと恥ずかしくなるが……この私が「個展」を開いたのだ。キラキラした言葉とは無縁なダメ学生が「兵六」のおかげで個展……ただただ信じられなかった。

みにくいアヒルの子である自分は、本当は白鳥で、いつかほかのヤツらを見下すように白い大きな翼を広げて置き去りにしていく、などとかすかに期待していたが、そもそもそんなことを思っている私が白鳥になれるわけがない。そ

個展開催。著者と共に写っているのは現在の妻

れでも、まああの大人のアヒルくらいにはなれたのかも、と思えた。

一九八〇年（昭和五五）年、モスクワオリンピックのあった年に私は小学六年生であったが、何かをキッカケにコロコロといろんなことがうまくいくという経験がそのころにあった。このとき、私は街の「ヨーヨーチャンピオン」であった。

コカ・コーラのグッズというのがあって、コーラやファンタ、スプライトのロゴが入ったヨーヨーが小学生たちの間で大ブームになっていた。四年生のときが第一次ヨーヨーブーム、五年生のときがバンバンボール。これは、大きないしゃもじのようなボードにゴムでつなげたボールを「バンバン」するものだが、ヨーヨーと違ってそれ以降流行した様子を見たことがない。そして、六年生になって第二次ヨーヨーブームである。四、五年生のときは、近所の商店街で催される大会を遠巻きに見ていて、「上級生はスゲー」と思っていたが、六年生になって初出場した大会でいきなり優勝してしまった。

今思えば、たかが近所のガキどもを集めたちっぽけな大会である。だが、商店街の酒屋さんが販売促進のために開いたイベントなのだろう、「コカ・コーラボトラーズ」から派遣された外国人の「プロ」が真っ赤なジャケットを着て

柴山真人
兵六ギャラリー
（伝票に描いていた似顔絵の一部）

小さな壇上に上がり、とても真似のできないような技を披露したあとに、子どもたちを競わせたのだ。

この大会に優勝すると、真っ赤なコカ・コーラのロゴ入りラジオとか、イカした豪華景品がもらえるとの触れ込みだったから、楽しみでしょうがなかった。実際には、ラジオなどの豪華景品はもらえず、代わりにもらえたのはチャンピオンキャップである。当時流行していたアポロキャップで、ロゴがコカ・コーラの商標となっている。そして、ツバには英語でヨーヨーチャンピオンと書いてあった。

どこへ行くにも、私はこの帽子をかぶっていた。何しろ、近所でこれを持っているのは私一人なのだ。数キロ離れた商店街でもこのプロは呼ばれて大会を開いていたはずだから、私のようなチャンピオンはかなりいたと思うが、それでも本当に嬉しかった。

物事がうまくいって何かの形になること、はるか彼方にあって到底手が届くことはないと思っていたことが、案外近くにあるような気がしてくるものだ。平成になったばかりのころ、私の「どん底感」はかなり大きなものだったが、個展を開いたことで新しいチャンピオンキャップをもらえたような感じがした。

HYOROKU GALLERY

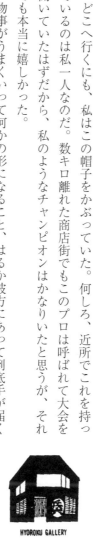

「兵六」五〇周年記念の本『兵六亭――神田辺りで呑んだ』（四五ページ参照）を出版したのもこのころで、人格が固まると物事がうまく転がっていくように感じていた。この本のなかで、「兵六には電話がなぜないか」（八九ページ）というエッセイを書いた。その一節を紹介しておきたい。

お客さんもまばらに店内で、ゆるやかな時間が流れていた。混んでいる時だったら、休む間もなく立ち働き、常に神経をはらして集中を切らさないようにしている僕が、椅子にゆったり腰掛け煙草の煙を大きくはきだす。いつもは気に止める暇のない兵六の外も、静寂しか聞こえてこない。あぁ、もしかしたら、江戸時代の夜はこんな様子だったのかもしれない、なんて思っていた。時は、限りなく止まって見えるほどにしか進まない。安らかな時、落ち着ける場所。ここにもし、テレビやラジオ、電話、レジスターでさえも、デジタルで動くものがあって、その音がしただけでも、このゆるやかな時間は破られてしまうだろう。一時、忘れることが出来た、デジタルのスピードで進行する現実へ、僕たちの思考は引き戻されてしまう。兵六に電話がなくて、本当に良かったと思う。（前掲書、九五ページ）

この要素は現在も同じである。スマホで動画を観ている人がたまにいるが、デジタルの音がすると「兵六」の空気が一気に壊れるので、お願いをして、音を出さないようにしてもらっている。実は、このときには書かなかったもう一つの理由がある。それは、前章で紹介した「9のエネルギーの法則」に関係あることだ。

自分以外のものを穴ぼこに取り込まないようにして心を満たすために、なるべく外部からの情報を遮断したいと考えている。窓に架かっている葦簀《よしず》は俗世間との境界線であり、暖簾《のれん》をくぐると仕事や家庭のこととは関係が断たれる。もちろん気のせいだが、そこで本来の自分を取り戻してから家庭に帰っていただくなり、仕事に戻るなりしてくれればいいと思っている。

最近、耳にするようになったマインドフルネスよりも早くから、ほぼ同じことを目的とする試みを私はやってきたつもりである。といっても、心を自分で満たすことができるようそっとしておくとか、「こんな私でも、できるようになったんだから大丈夫ですよ」と語りかけるように、人間の本来ある強さを信じて見守るくらいしかできないので、表面的には何もやっていないように見えるだろうが、心の到達点が見えている人間が真ん中に座っているだけで、自ず

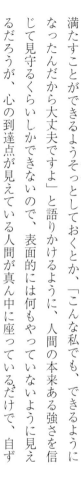

と心が満たされるのではないかと私は思っている。もちろん、試行錯誤中だし、実にボンヤリとしているわけだが、これが、私と「兵六」の依存症に対する闘い方である。

マインドフルネスについてネットなどで調べてみたが、西洋人がマニュアル化したせいか、すっきりと理解することができない。東洋医学をもとにした「9のエネルギーの法則」のほうが理解しやすいし、多くのお客さんが心を満たしてお帰りになっているような実感がある（残念なことに、なかなか客観的な数字では表せないが）。

『兵六亭——神田辺りで呑んだ』で書けなかったのは、これに気づくきっかけになった出来事があまりにもプライベートなことばかりだったので、当時の私は恥ずかしくて公にすることができなかったのだ。あれから二〇年以上、ずいぶん時間が経ったので、幾分恥ずかしさが和らいだこともあり、書いてみることにした。

『兵六亭——神田辺りで呑んだ』は自費出版であったが、店が神保町にあるおかげで本をつくる仕事に携わっているお客さんがたくさんいた。出版社に勤めている人は言うまでもなく、ライター、紙屋さん、写植屋さん、印刷屋さんな

ど出版に関係するあらゆる人がいて、それぞれの形で協力してくれたので出版することができた。

私にもかなりのページ数を割いてもらい、「兵六」への想いを書かせてもらった。平山一郎の死後、足が遠のいていた古いお客さんたち、とくに「山脈《やまなみ》の会」（四四ページ参照）の人々は、私のことをただのチャラい若者ではなさそうだ、と思ってくれたようだった。

とはいえ、本のできについてはまったく納得していない。寄稿してくださったみなさんの原稿は素晴らしく、「兵六」への愛があふれていた。だが、すべてが後ろ向きの思い出ばかりで、「今後どうするのか？」といった未来への視点がまったくなかった。唯一、私だけが前を向いていたのだが、やはりここでも浮いていた。

過去に対する賛辞は美辞麗句に偏っていて、本として少しも面白くない。どうにかならなかったのかと苦々しい気持ちになっていたが、当時はまだ二九歳、初めての本づくりにどこまで口を挟んでいいものか、また本づくりのプロばかりがいるなかで意見を言ってもいいのかと分からなかった。それでも、タイトルに関しては私が出したアイデアが採用された。

実は、私のページは予定されていなかったが、無理やり書いて、ゴリ押しで入れてもらっている。結果的には一番長い文章を掲載してもらうことになったわけだが、ともかく結構突っ張っていた。おかげで、少しは前を向いた本になっていると今でも思っている。

こんな私の思いを知らず、「兵六」の未来は輝かしいと、多くのお客さんは思っていなかっただろう。まだまだ私は「希望の星」にはなりえていなかったわけで、大いに反省すべきことである。商店街のヨーヨーチャンピオンレベルの成り上がりでは、たくさんの人に希望を与えられないということを痛感した次第である。

どうする、俺よ!?　小さな街のヨーヨーチャンピオンくらいじゃ、「兵六」の亭主は務まらないぞ?

映画館肘掛けの法則とパタリロ

本書の原稿を書いている間に、ＨＳＰ（Highly《ハイリー》 Sensitive《センシティブ》 Person《パーソン》）の存在を知った。そもそもは、新聞でＨＳＣ（Highly Sensitive Child）について書いて

あったことが気になり、「我が子がそうだったらどのように対処すればいいのだろうか？」と思っていたからだ。育児に関しては、飲食店経営に関する情報よりも鋭敏なアンテナを立てている私である。

とはいえ、その存在を忘れていたわけだが、コロナ禍のなかで『「気がつきすぎて疲れるが驚くほどなくなる「繊細さん」の本』（武田友紀、飛鳥新社、二〇一八年）という本を読んだ。学術的な堅苦しい用語は使わず、分かりやすい「繊細さん」という表現でＨＳＰが説明されており、より身近な感じがして読むことができた。

「ＨＳＰ」と言うとかなり病気っぽく感じるし、突き放した、差別的な線を引いたように感じてしまうが、「繊細さん」ならクラスメートの五人に一人はいるという感じがするし、繊細さん自身も安心することだろう。

「繊細さん」とは、気がつきすぎて疲れてしまうという人である。この本によると、①人といると疲れる、②他人の雑さが気になる、③機嫌が悪い人といると苦しい、が「繊細さん」となる。五人に一人の割合でいるといい、生まれついての脳のメカニズムである。治す必要はないし、そもそも治ることもないが、それに振り回されずに対策を立てればいいと書かれている。

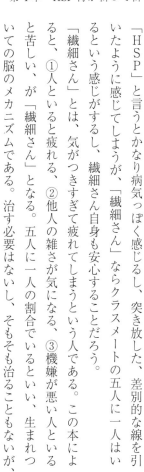

どうも、細かいことに気づきすぎてしまうという私の性格はこれなのかもしれない。子どものことを心配している場合ではなかった。

私がＨＳＰなのかどうかは置いておくとして、一つだけ確実に言えることがある。このような人たちがお客さんのほとんどを占めるという前提で「兵六」をやっている、ということだ。ＨＳＰという言葉も概念も知らなかったが、「自分がお客として兵六へ来た場合」を常に想定してやっていたので、結果的に、「繊細さん」でも居心地のいい店に近づいているのではないかと自負している。こういう人たちは、たくさん人がいるだけであれこれ考えて疲れてしまうので、なるべく疲れないように気を遣っている。

逆に、私はというと、いつも以上に細かいことに率先して気づくように努力しているので、ＨＳＰの特徴である才能を存分に活かして接客している。ただし、閉店後はドッと疲れてしまうが……。

このまま行くと、私は確実に長生きができないだろう。自分のエネルギーを消費して、多くの「繊細さん」たちの手助けをして、それで感謝されて事切れていく……。それも悪くはない人生だと思うが、これに対する答えを『パタリロ』（白泉社、一九七九年より）が教えてくれた。

『パタリロ』とは、二〇一九年に映画公開された『翔んで埼玉』の原作者である魔夜峰央《まやみねお》のギャグ漫画である。中学生のころ、従姉に借りて読んでいたのだが、まだBL（ボーイズラブ）なんて言葉がない時代、当時は「少年愛」（そのままだが）を描いた少女漫画は私にはショッキングで、基本的に意味がよく分からなかった。そのなかで、ギャグ漫画なのに泣けるものとして印象深かったのが「FLY ME TO THE MOON」（白泉社文庫第八巻に収録）である。

常春の国マリネラ王国、そこの若き王パタリロは、国の宇宙局に不思議な青年がいることを知る。彼の名はロビー。ロビーは「いつかガガーリンのように宇宙へ行きたい」という夢を抱いて宇宙局で働いているうちに、手をかざすとどんな病気やケガでも治してしまうという不思議な能力をもってしまう。

パタリロは面白がってロビーにいろんな人の病気やケガを治させるのだが、ロビーは「治せる」のではなく、自分の生命エネルギーを人に与えているだけであることが発覚する。このまま人を治し続けるとロビー自身が死んでしまう。さすがにマズイと思ったパタリロは、ロビーに治癒力を使うことをやめさせるのだが、そんなときにかぎって国の要人が瀕死の状態になる。ロビーは、最後

の力をこの要人に注入して死んでいく。

原作漫画とアニメ版とでは描き方が違っている。アニメ版はより子ども向きになっており、このまま続けると死んでしまうことを知っていたロビーが、自己犠牲で要人を救う物語になっていた。一方、原作は、王として難しい決断を迫られるパタリロというテーマに重きが置かれているのだが、当時の私には、アニメ版のほうが印象として強く残ったようだ。自己犠牲は美しい、かぎりある生命を誰かに与える姿は感動を呼ぶわけだが、どうにかならないものか……と疑問をもった中学生の私であった。

ロビーが手を握ると、患者やケガ人との間に新たなエネルギーが生まれて治る、という設定にすればいい。そうすれば誰も損をしないし、病気も治るし、万々歳ではないか。

同じ時期に思っていたことが映画館の「肘掛け問題」だ。肘掛けは、隣の席との共有物である。肘掛けを占有したり、独占されたりする。いち早く席に座って、堂々と肘掛けに肘を乗っけて知らない隣席の人に占有をアピールするわけだが、ほんの少しだけ肘を外した隙に横取りされて、館内で「アッ」とか思わず声を出してしまったりする。このような不毛な争いをしているときという

のは、得てして映画がつまらないときである。

しかし、映画がはじまり、どんどん引き込まれていくと、自分も隣席の人も、さっきまで気にしていた肘掛けのことなどどうでもよくなり、最後には、最高に面白かったこの映画の感動を共有できたことを喜び、見知らぬ隣席の人のことまでが好きになってしまったりする。

映画が面白ければ不毛な奪いあいは起きない。これが、中学生のときに考えた私の「映画館肘掛けの法則」である。このとき、観客と映画の間には、観る前にはなかった「面白さ」、「ワクワク感」、「感動」といったものが生まれているし、隣席の泣き声やハンカチで涙を押える仕草などから、その感動を共有できたことへの「共犯意識」など、見ず知らずの他人である隣人との間にたくさんのものが生まれている。これならエネルギーが枯渇することはないし、肘掛けを奪いあうこともない。何といっても、肘掛けは有限なのだ。

「兵六」は映画館より狭いので、居心地は悪いはずである。働くようになった最初から、このことは感じていた。二本の丸太でできているベンチの座り心地は、昔の名画座よりも絶対悪い。現在、雑誌などの紹介記事では「定員二四人」と書いてもらっているが、この人数の人たちが座る場合は、一人の占有面積は

驚くほど狭くなる。乗ったことはないが、スポーツカーの後部座席ほどかもしれない。

コロナ禍の二〇二〇年、間隔を空けて座っていただいたが、当時から最近まではギチギチの間隔だった。また、私が細かいことに気づく性格のため、お客さん一人ひとりがその狭さをどのように感じているのかと、常に表情を観察している。誰かが苦しそうだったり、不快に感じていると察すると、それだけで具合が悪くなってしまうのだ。

それを避けるためにも、お客さんの満足度は常に一〇〇点満点でなくてはならない。しかし、これは正直言ってキツいし、このまま神経をすり減らしていったら、ロビーよりも早く命を落とすことになりかねない。そこで、「映画館肘掛けの法則」である。

「兵六」に入って、店の雰囲気がよかったら、呑んでいるお酒が旨かったら、食べた料理が美味しかったら、隣に座った人が面白かったら、一緒に行った人と楽しい会話ができたのなら、狭さやお尻の痛さ、ついでに言うならエアコンがなくても気にならないだろうし、むしろ楽しさを倍増させてくれるだろう。なので私は、来てくれたお客さんと店、お客さんと料理・お酒、お客さんとお客さん、そこで出会ったもの同士が何か新しいことを生み出せるようにと意識している。

一番困るのは、肘掛けを奪いあう不毛な争いをする人たちで、多くの場合、こういう人は政治・宗教・プロ野球の話をしている。飲み屋でこの三つを話題にしてはいけない、というのが常識らしいが、ダメ学生だった私はそんなことをまったく知らないで、「兵六」で仕事をしながら覚えていった。

最初は分からなくて、お客さん同士のそんな会話を観察していたわけだが、確かに不毛な争いになっていた。そういう場合は、席の狭さが火薬に変化してしまう。いつも以上に加熱して自然発火となり、いつの間にか大炎上してしまうのだ。

そういう意味では、酒場というのは森に似てる。単一植樹でユーカリばかりの林は自然発火がしやすく、そこに棲みついたコアラは火事になっても逃げないという。ユーカリ自体に油が多く含まれているので、葉がこすれあうだけで火がつくと聞くが、ユーカリのように発火性の強いお客さんばかりが集まるときもあるし、たまたまいたコアラのように穏やかなお客さんが、火事に巻き込まれて迷惑を被るということもある。

真ん中にいる私は、森を管理するレンジャー隊か林業家であり、時に樹々の間隔を空けて、いろんな木が共存できるようにして、そのほかの生き物も健やかでいられるように観察および管理している。

「兵六」では、日々たくさんのものが生まれている。不毛な奪いあいや争いがゼロになることはないが、ゼロになってほしいという理想は捨ててるつもりがないし、なくなるための努力を常にしている。みんなのため、ということもあるが、ケンカが起きたり、誰かが詰まらなさそうな顔をしていたりすると私の生命エネルギーがひどく低下するのだ。そして、ロビーのように命の火が消えてしまいかねない。

なるべく何かが生まれるように、人と人をつなげたり、会話の橋渡しをしたりする。お見えになったお客さんが座れるように、すでにいるお客さんにお願いをして、ほんの数センチだけ寄ってもらう。たったそれだけで「兵六」という空間を共有していることになるし、よい意味での「共犯意識」が生まれる。

会話は、間違ったことや嘘があってもいいし、何度も聞いたことのある話でもかまわない。そこに生まれるものは毎回新しいものなのだ。そのおかげで、私も毎日、新しく生まれたものをたくさんもらって元気に過ごすことができている。

ただし、コロナ禍の現在（二〇二〇年～二〇二一年）はソーシャルディスタンスを守らなければならないので、以前より少しスペースの譲りあいが減ってしまった。ちょっとだけ膝を送りあわせて席を譲るという、新たなものを生む機会が減ってしまったことは「残念」のひと言だ。満員電車は嫌だが、譲りあいの気持ちがある「すし詰め状態」は楽しいものである。

ＨＳＰに関して、現時点ではよく分からないことが多い。私は「これかな……？」と思う程度なので、あまり深く言及しないでおいたほうがいいかもしれない。だが、『「気がつきすぎて疲れる」が驚くほどなくなる「繊細さん」の本』という本と出合ってよかったことが一つある。ＨＳＰは、親の遺伝でもないし、環境によって後天的になるものではないと明言してくれたことである。これが本当なら、繊細な母の遺伝子を受け継いだからでも、厳しかった父に怯えていたからでもないということになる。誰かのせいではない、単に生まれつきの特質なのだ。それが分かっただけでもよかったと思っている。

自分の特質と、自分なりにうまく付きあう方法を見つけていったわけだが、これを「ＨＳＰ」と名付けてくれたことでホッとする面も大いにあるが、少年期にあった傷つきやすさが「ただの一般論」にくくられてしまったような感じもしている。今後、ＨＳＰがどのように扱われていくのかについて、引き続き興味深く見守っていきたいと思っているが、「兵六」を「繊細さん」でも居心地がいい空間にしようとする努力は、これまでどおり続けていく。

無謀侍、イギリスに斬り込む

最近では、スマホで「兵六」と検索すれば、そこがどういう店なのか、何がオススメなのかなどについてすぐに調べることができるが、私が「兵六」にデビューしたころは、携帯電話を持っている人はほとんどいなかった。店の外にメニューを掲げているわけでもないし、大きな提灯に「兵六」と大きく筆書きしてあるだけで、何の店かまったく分からない。

開業当時、「兵六」と言えば鹿児島に関係あるはずと、鹿児島県民なら分かるだろうといって付けられた店名である（「はじめに」を参照）。アメリカで「桃太郎」と漢字で書いてある店があったら、ほぼ間違いなく日本食レストランか、少なくとも日本人向けの何かであろうと思うのと同じである。とはいえ、「兵六」なのだから焼酎が呑めるだろうと思うのは鹿児島県人だけで、ここが一体どういう店なのか分からないで入ってくるという人が今よりもかなり多かった。

傍若無人な人というのは、いつの時代にもいるらしい。初代平山一郎の時代、席に着くなり「オヤジ、この店は何を呑ませるんだ?」と偉そうに言い放つ人が来たそうだ。初代はその人の前に、「これが、さつま無双！　これが峰の露！　これがむぎ！　これが美少年！」と一本ずつドンドンと一升瓶を置き、「今日は閉店!!」と言って閉めてしまったそうである。

それまでゆったりと呑んでいたほかのお客さんは、急に閉店になってしまったので驚いたことだろうが、そういう輩《やから》にへりくだることなく閉めてしまう「兵六」の亭主に溜飲《りゅういん》を下げたのではないかと想像している。まさにこれが「兵六」であり、平山一郎である、と。

「士族の商法」と言われるように、慣れないことに手を出して、うまくいかないことを象徴するような言葉である。初代はまさにこれで、開業当初、何度も失敗を重ねたというのは最初に書いたとおりだ。おそらく、威張っていた士族をバカにしたニュアンスもこの言葉には含まれていると思うが、威張らずに謙虚な姿勢をもちつつ、士族の誇りを前面に押し出した商法をしていたと思われる。

少し、平山一族の内側に潜むＤＮＡのルーツをたどってみることにする。

私にとっての曾祖父、父や一郎にとっては祖父にあたる平山東岳《とうがく》（一八三四〜一八九九）は、幕末から明治にかけて活躍した鹿児島の絵師である。

鹿児島というと西郷隆盛に代表されるように武骨なイメージを抱く人が多いと思うが、画家も多く輩出している。洋画家の藤島武二（一八六七〜一九四三）もその一人である。その藤島が子どものころに絵を習ったのが平山東岳だったと記録に残っており、二〇一七年に開催された「生誕一五〇年記念　藤島武二展」に、師の一人として曾祖父の絵も展示していただいた。

ご存じの人はいないと思うが、平山東岳と言えば薩英戦争における西瓜《すいか》売り部隊が有名である。薩英戦争とは、生麦事件[1]からはじまる大英帝国と薩摩の戦争であるが、ケンカ相手として少々デカすぎないだろうか。

極東の小国日本、しかもそのなかの小さ

1881（明治14）年撮影
右より辰彦（長男）6歳・多計37歳・季雄（東岳）48歳　彦磨（甥）14歳

な薩摩藩、普通に考えればイギリスにとっては赤子の手をひねるようなものである。ここまで無謀な戦争があるのだろうかと思ってしまう。無謀気質も極まれり、と薩摩藩はイギリス軍艦に西瓜《すいか》売りに扮した斬り込み部隊を送りこんだ。大山巌（一八四二～一九一六）、西郷隆盛の弟である西郷従道《じゅうどう》（一八四三～一九〇二）らとともに平山家の先祖である平山東岳も参加しているのだが、当然、決死の覚悟であっただろう。

　鹿児島の人間は、なぜそこまで無謀なことができるのか。考えてみれば、関ヶ原の戦い（一六〇〇年）のときもそうである。敵陣（東軍）の正面突破を試みて成功してしまう。薩英戦争でも、当時「世界最強」と言われたイギリス海軍を迎え撃ち、薩摩藩よりイギリス海軍のほうが被害が多かったため、勝利を収めることなく撤退した。これ

「生誕150年記念　藤島武二展」の図録表紙

60歳の藤島武二（1928年６月）

は……かぎりなく勝利に等しい「引き分け」だと言える。

完全勝利ではないが、まあまあの結果を出してしまうというのが鹿児島の底力であり、賞賛すべき点である。敵が大きければ大きいほど燃えるという気質として、今でも鹿児島にゆかりのある人の体内には、このようなＤＮＡが受け継がれているのではないかと思っている。

店名の由来となった『大石兵六夢物語』（iiiページ参照）であるが、主人公の兵六どんは、ちょっと情けなくてカッコ悪い。悪狐を退治にしに行くが、その道中、女に化けた狐に誘惑されてしまったり、肥溜めに落とされたり、馬糞まんじゅうを食わされるなど、いとも簡単に狐に化かされてしまう。愛すべき人間として描かれてはいるのだが、店名に関しては、前述したように「表六玉」にニュアンスが近いと思う。一方、多くのお客さんにとって平山一郎は格好いい存在であったから、大石兵六は平山一郎とかけ離れた存在であるという捉え方がお客さんたちの間では長らく認識されていた。

さて、大石兵六の宿敵である悪狐とは何であったのだろうか。「はじめに」でも述べたように、この作品が書かれたのは一七八四（天明四）年で、八代藩主である島津重豪《しげひで》（iiページ参照）が

（1）一八六二年八月二一日、前島津藩主の島津久光の一行尾が神奈川の生麦村付近で騎馬のイギリス人ら四名に出くわした。「下にｰ、下にｰ」と進む大名行列、藩士らがイギリス人に対して脇によけるように促したが、彼らはこの行列の意味を理解していなかった。そこで、薩摩藩士が一名を斬殺し、二名を負傷させた事件。

商業と文化振興に力を入れた開化策を行ったため、巷に横行した権力者や小役人が善良な民衆を苦しめ、拝金主義に浮かれていた。この小悪人をたとえた姿が大石兵六の宿敵である悪狐であり、物語そのものが社会を風刺していたわけである。

大石兵六は「薩摩のボッケモン」として描かれたので、鹿児島の人から大きな共感を得た。「ボッケモン」とは、大胆で向こう見ずな性格の人のことをいう。民衆を苦しめる権力者を倒そうとしている、庶民の味方というのが素晴らしい。相手が大英帝国だろうが勝利を信じて立ち向かい、西瓜《すいか》を売りに行って刺し違えようと試みる無謀侍、よそ者が見たらハラハラするだろうが、何となく結果も出してしまうという鹿児島人の気質、これぞ「兵六」と「平山家」の気質そのものと言える。

先に述べたように、平山一郎は尾崎秀実《ほつみ》とともに特高に追われたほか、中国政府に追われた魯《ろ》迅《じん》とも内山書店で毎日会って話をしていた。「兵六」を開店してからも、やはり国家権力に反旗を翻していた詩人たちと交わり、時代が進むにつれ、同じような志をもった学生たちを匿った。「乱暴者」とも訳されるボッケモンだが、平山一郎と「兵六」は、静かに揺ぎなく、権力に立ち向かってきた。武士であり、芸術家でもある平山東岳の血は、少し繊細さも兼ね備えたボッケモンだと言える。

私の父にも、力でねじ伏せようとする「世界の黒澤」に対して反射的に逆らうという血が流れていた。冷静に考えれば絶対に勝てない敵に、一矢報いようと海軍兵学校にも入っている。西瓜売りに扮してイギリス海軍の軍艦に乗り込もうとしたこと、命を捨てる覚悟をもって特攻機に乗ろうとしたこと、この間には通じるものがある。困ったことに、私にも同じような経験がある（レベルはかなり違うが）。

サッカーをしていたとき、浮いたルーズボールを相手選手が蹴ろうとしているところへ、頭から突っ込んでいくということをしていた。相手が一瞬でもひるめばボールを奪うことができるという捨て身の戦法は小学生らしいとは言えないが、やってる本人は気持ちよかった。薩摩のボッケモンのＤＮＡか……捨て身で大きな敵と対峙すると血が騒いでしまうのだ。もちろん、あまり褒められた気質ではないが。

兵六侍、斬って斬って斬りまくる

七〇年以上も同じ場所で商売をしていると、三代目の私ですら、時々不思議な気持ちになる。とくに「兵六」の店内は、時間が止まったような錯覚に陥りやすいので、なおさら不思議さを感じるのかもしれない。

今は令和の世の中、新型コロナの影響もあった。学生運動が華やかだった一九六〇年代、靖国通りを都電がまだ走っていた。その石畳をみんなで剥がしたと、当時の学生たちから「兵六」で聞いたことがある。そして一九八〇年代、バブル経済華やかなりしころにも「兵六」はあった。当時を思い返してみると、何でもかんでも消費して、つくっては捨てまた買ってという消費社会が蔓延し、すべての国民が熱病に冒されたようにバブル経済に酔いしれていた。女性はワンレンボディコンという姿で街を闊歩し、「地上げ屋」と称される人が神保町にもたくさんいた。そうだ、「兵六」を手伝いはじめたころは明治大学もリバティータワーではなく、学生運動のころによく見られた立て看がたくさんあった。

さまざまな時代を経て、その時々の気分も違っているのだが、「兵六」は神保町の真ん中で「我関せず」の構えで七〇年以上の時代を生き抜いてきた。質素な店内、安くて良質な焼酎と料理、領収書で飲み食いしようとする「社用族」がほとんどいないという日常を繰り返してきた。仮に、「虎の威を借りる狐」然として威張り散らす輩《やから》がいたとしても、平山一郎が「出ていけ!」と一喝していたのだ。

私が「兵六」にかかわりをもちはじめた一九九〇年代から、地球温暖化や環境破壊が取り沙汰されることが多くなった。現在とは違い、当時の「兵六」にはエアコンがなく、夏ともなれば店内は本当に暑かった。水色のワイシャツを着た人などは、お帰りになるときには背中一面にびっしょりと汗をかき、その背中だけが濃い青色になっていた。さらに、扇風機もなかったので、団扇《うちわ》と扇子は必需品であった。

毎日こんな店に通い続けていると、風の匂いや空気の変化に対して鋭敏になる。フワーッと一陣の風が「兵六」の中を通り抜けたと思ったら、店内にいたお客さんが、誰ともなく「雨がそろそろ降るなー」と口にし、その直後にザーッと雨が降るというような、およそ現代人らしからぬ鋭敏さをもっていた。

初代が「兵六」をはじめたころに比べると、夏の平均気温は確実に高くなっている。その原因は、車とエアコンの室外機が激増したからであろう。「兵六」に合わせて「ノーエアコンデー」なんてものを制定したら東京の気温も少しは下がるのではないかと思ったこともあるが、高層ビルの多い東京では窓を開け放すことが難しいだろうし、車の数を減らすといっても、そう簡単なことではないだろう。それでも、「兵六」だけはエアコンを設置することなく、世の中の大きな流れに逆らって営業を続けた。ちなみに、エアコンを設置したのは二〇一一年である。

情報化社会という波も押し寄せてきた。パソコン、インターネット、携帯電話などが急激な勢いで発展していった。前述したように、「兵六」には現在でも固定電話がない。一九九〇年代の千代田区内では、唯一電話がないという店であったようだが、これも情報化社会に逆らっているつもりである。

そしてもう一つ、コンピュータにおける「０」か「１」という二元論への反発があった。白黒がはっきりしたものばかりではなく、グレーなもののほうが世の中には多いはずだ。東洋医学における「陽中に陰あり。陰中に陽あり」とする二元論こそ大事にすべきではないだろうか。

「ウインドウズ95」の発売で湧く世の中を尻目に、私は「兵六」を、人間のグレーな部分を大切にする店にしようと意識しはじめた。お客さんのちょっとした機微に敏感でいようとしたし、また細かいことによく気づく私の性格はそうすることに合っていた。本を読むとき、書かれてあることだけでなく、行間を読んで登場人物の感情を考えたりする場合と同じく、お客さん一人ひとりの「行間」を読むようにした。デジタル全盛の時代だからこそ目に見えない感情を大事にしたい、そう思ってお客さんと接している。もちろん、現在も。

だが、権力の形が様変わりした現代において、民衆が武力を持って権力を倒そうとすることは果たして正解と言えるのだろうか。

長いものには巻かれない、偉そうにしてる者には逆らう、大きな権力をもっている者のやっていることを批判する、悪口を言っておれば反体制の活動をしているように錯覚をしてしまう。政治の話は禁止だと言ってるのに、話したがる人、議論したがる人、政権批判をする人など、やはり「兵六」からなかなかいなくならない。自分のなかにたまってしまった悪い感情を、頭がよく見えるように繕ってから吐きだしているようにしか感じられないのだが……。本質的にはげっぷと同じなので、やはりマナー違反である。

「兵六」における亭主の仕事として、時には裁判官のような役目を担わざるをえないときがある。ちょっとしたことで意見が食い違って隣のお客さんと口論になってしまった場合や、隣にいる知らない人が自分の話ばかりを話し掛けてきて困るといった場合である。現在であれば、タイミングを見計らって「もしかして揉めてますか?」と笑顔でビックリ水を入れれば、「はい! すいません!」で鎮火する。文字どおり、話に水を差すわけだ。

だが、最初は経験の絶対量が少なくて、一緒になって怒ってしまうことが多かった。つまり、火に油を注いでいたわけだ。その都度、家に帰ってから細かく分析と反省を繰り返していた。そして、独自の判例集をつくるがごとく日記に記録していた。

差すのが油ではなく水にするためには、仲裁し、裁く私自身が感情的になってはいけない。そして、常連客の合議制ではなく、亭主の専制君主制であるべきという結論に達する。自分に責任を課すことで、このような掟を本気で考えている。

ところで、常連客というのは、これはもう本当に大きな声で言いたいが、まったくアテにならなかった。何かトラブルが起きると年の功でうまく収めてくれるのかと思いきや、率先してトラブルの原因になっていた。役に立つとすれば、「怒られ役」になってくれるということくらいだ。それも、意識的に「怒られ役」を買って出てくれるわけではなく、単に怒られているだけで、二〇代だった当時の私は、中学校の先生になったような気分であった。

当時の客層といえば、平均年齢は四〇歳くらいだろうか。中学を卒業してから何年経ってるんだよ！　とあきれるレベルだった。もめ事を収めようとしてカラミ酒をしている人に文句を言いに行ったら、それはケンカが拡大するという結果しか生まないだろう。若造だろうが、チャラかろうが、亭主たる私が「うるさい！」と怒鳴れば一応「判決」となるので事態は収まる。

常連客がだらしなく、頼りないのは、「兵六」で安心して「中学生帰り」（さすがに幼児帰りまでは退行していないが）をしているからなのかもしれない。そのおかげで私は、かなり早い段階で「亭主」としての自覚をもつ必要に迫られたので、結果的にはよかったと言える。

さまざまな「判例」がある。多くの場合、最初は「なんかイヤダ」という直感である。

一人で来たオバさんが、焼酎を全部呑みきれないからと言って、知らない男性にお酌しているのを見たとき、やはり女性に対しては怒りづらかったので、もらった側の男性に「何をやってる⁉」と怒鳴ってしまった。言ってしまってから「あれ？　どうして？」と考えるのだが、もう遅い。理不尽に怒鳴られた男性は、「責任者を出せ！」と怒鳴ってきた。冷静に考えると、そりゃあ怒るよなぁー。しかし、ボッケモンの平山東岳《とうがく》（一五一ページ参照）が憑依《ひょうい》したのかこっちも止まらない。

「責任者はオレだ！」

経営者は別なので、この言葉は厳密にいうと正確ではないが、まあ現場責任者ということである。あとで冷静に分析して反省するのだが、キャバクラのホステスのようにお酌をする女性は好きじゃないし、それに対して鼻の下を伸ばす男性も嫌いなのだ。そういう店があることは否定しないが、それを「兵六」にもち込まれると先祖が黙っていない。それで、平山東岳が降臨してきてしまったということだ。

一部始終を見ていた八〇歳になろうとする古い常連客（数少ないアテになる人）が、「一郎さんみたいでしたね」と言って、理不尽な私の言動を咎めなかった。「兵六」で怒っている初代を直接見たことがないので何とも言えないが、通じるものを感じてくれたのだろう。ただ、その言葉に甘えることなく猛省して、「新しい掟づくり」と「ダメなこと」の線引きを家に帰ってから行った。

初代平山一郎の書いた冊子『兵六憲法閑話』（四七ページ参照）のなかに、「世間には高級バアとか豪華キャバレーとか称して、酒を売ってゐるのか色を売ってゐるのか判らぬ様な処がある様ですが」という一節がある。また、条文のなかには「アルコール抜きの飲物は一切売るを許さず」というのもある。

現在でもその「高級バア」では、きれいな女性が隣に座ってくれるだけで、ウーロン茶だろうが、オレンジジュースだろうが、ソフトドリンクを飲んでいても「兵六」の相場では考えられないような金額をお取りになっていらっしゃるようだ。どうも、冊子に書かれている文章の感じからするに、初代もそういった店が嫌いだったようだ。「間違った考え方かな？」と不安にも思ったが、初代と「兵六」がそれを是とするなら、「あとは敵に回してもいいや－」と安心して、この日は眠りに就いた私である。

「閉店時間を守らない」というのもある。「兵六」はモテル店（一二八ページ）でも書いたように、「兵六」は一〇時半きっちりに閉店するようにしているが、楽しくなって話が終わらないといった理由で帰ろうとしない客がいた。

そのときは、某衆議院議員とどこかの官僚が三人で来ていた。偉そうにさえしなければ、色眼鏡で見ないように気をつけてはいたが、一〇時半を回っても腰を上げようとしない彼らを前に、またもや平山東岳《とうがく》が降臨した。

「おい、やめておけよ。相手は政治家だぞ」とは、私の心の声だ。だが、ボッケモンの東岳はおかまいなしだった。

「いい加減にしねーか！」

政治家と官僚に対して、こんなことを言う店はないだろう。「影の軍団みたいのが来て、あとで闇に葬られたりしない？」と心配になる心の声に対して、「関係ねー！」と言ってその三人組を追い出した。

またもや理不尽でしかないのだが……家に帰ってから反省して、この日もまた日記に記録した。その後、闇の組織に拉致されるということはなかったので、あれはあれでよかったのだろう、と思っている。

このように、ボックモンの東岳が降臨して、怒鳴ってしまうことには枚挙にいとまがなく、思い出しても信じられないわけだが、そのたびに東岳が「武士たる者、斬り捨てたものを一顧だにせず！」と言ってくるのでタチが悪い。それに、私は武士ではないのだが……。

とはいえ、私にとって「兵六」とは、人格形成における大恩人であるから、「兵六」と平山一郎をはじめとするご先祖たちが軽んじられたり、看板に泥を塗られるような言動に対してはやはり冷静さを保つことができない。「兵六」によって救われた多くの人のなかにおいても、私は最大の信者の一人なのである。「世界の黒澤」にキレた父と同じＤＮＡなのだと思うが、どんな理由があろうと「キレてはいかん」とも思った。

こうして、キレル私と中学男子のような常連客、そして厨房には九〇歳を超えても中華鍋を振るう、いまだにリリー（すずらん）のように可憐な秀子とともに「兵六」はちょっとした安定期に入ったように見えたが、実は崩壊の種がくすぶっていたのだ。時は、いつの間にか二一世紀になっていた。

兵六「新」憲法の誕生と吉田類さん

私が初めてお客さんを天国へ見送ったのは、「兵六」を手伝うようになってから二年くらいが経ったときである。六〇歳くらいか、ある常連客が「革ジャン、いる?」と聞いてきた。バイクに乗ってたときに着てたアメリカ空軍のもので、「年で、バイクに乗らなくなったからさ」と笑って言っていた。ついでにと、迷彩柄のセーターもくれた。

その人が亡くなったのは、それから数日後のことだった。お元気そうだったから本当に驚いたし、ショックだった。若くはないが、年寄りという年齢でもない。死因はガンであった。

「形見分けのつもりだったのかね……」

ほかの常連客と、このようにそのあと話した。虫の知らせが本人にあったのかもしれない。

天国へ見送らないまでも、定年して仕事を辞めたからとか、長年の飲酒生活がたたって体調を崩したとかの理由で、一人また一人と昔から来てくださっている常連客がいなくなっていった。常連客の高齢化という問題である。

ありがたいことに、新しいお客さんも来てくださっているのだが、それでも売上が落ち、客数とともにリピート率も減っていった。営業上の数字が落ちているという事実は、前述したように、私以外は何も変わっていないという「兵六」においてはすべて私の責任となる。

店内には、初代平山一郎の在りし日の写真が飾られている。それを知るお客さんは、その姿を見るだけで背筋が伸びることだろう。私が「兵六」で偉そうにしていられるのも、この写真があればこそ、である。自分の力でやっていると思っているほとんどは、実は初代の威光のおかげであり、頼りない亭主を支えよう、盛り立てようとするお客さんの優しさであった。

初代を知らない新しい常連客たちは、「コの字カウンター」に気のあう人たちが集まる楽しい飲み屋と思っているようだ。いつのまにか二一世紀に入り、巷《ちまた》では立ち飲み屋がブームとなっていた。仕事帰りにふらっと立ち寄り、グラスを持って立ち呑みをしている姿を風刺して、「ちょっとしたお見合いパーティーのようだ」と新聞には書かれていた。仕事とも家庭とも違う、大人の出会いの場である。

その影響もあってか、二一世紀になったばかりの「兵六」でも、グラスを持って席の移動をする者、初めて会った人に自分の酒をついで回る者、「ツッコミ」と称して、慣れ慣れしく人

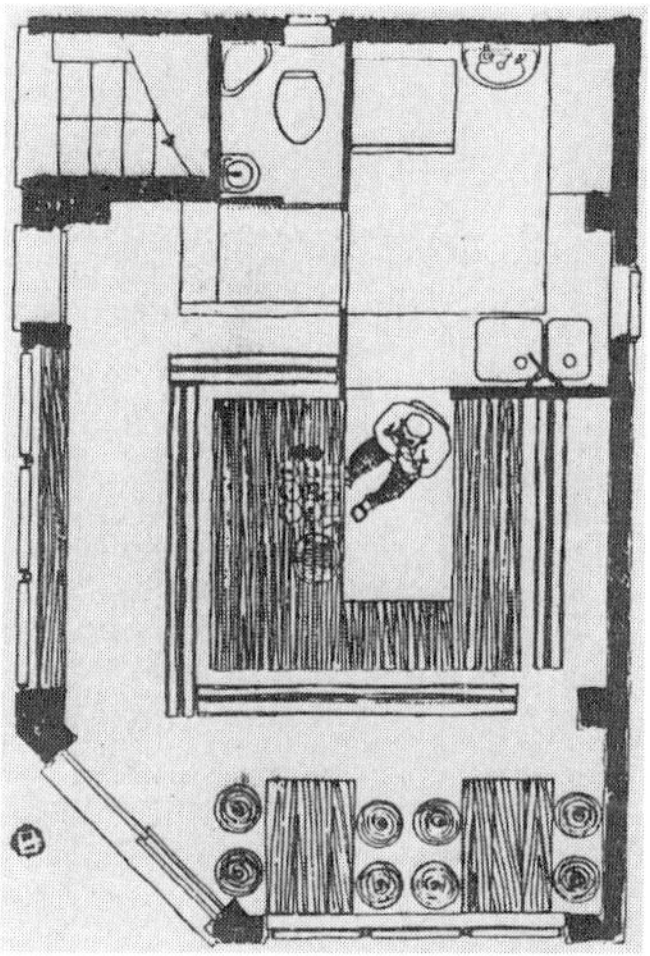
現在の平面図

の頭をハタク女性などがいて、今思い出してもはらわたが煮えくり返る光景が見られるようになった。

私は経営者ではない。「亭主」という役割を担う一人の従業員である。経営者、つまり伯母の秀子は九〇歳を過ぎた高齢で（それでも、料理をつくり続けていることは奇跡）、日々、大好きな常連客、自分をちやほやしてくれるお客さんとだけ楽しくやれればいいという気持ちは分かる。上海から引き揚げてきたばかりのときは、家族をどうやって食べさせていくのか、荒れる初代をどうやってなだめるのかと、苦労をたくさんしてきた。そんな秀子が九〇歳を超えたのだから、楽しくやれてもいいのではないか——理屈ではそうなのだが、私には何かぼんやりとした違和感があった。

令和元年（二〇一九年）、とある名店が長い歴史の幕を閉じた。名物ママさんが切り盛りするその店は、マスコミで取り上げられることも多かった。そこに行っている人の話によると、店のある一角が常連客の指定席となっていて、その常連客が入ってきたお客さんを査定していたという。常連客がうなずけば入店ＯＫで、首を振ったら入店を断るというのだ。名物ママにはお客さんを選ぶ権利がなく、常連衆が株主であるかのように仕切っていたのだ。

その常連衆も、最初は年老いたママを盛り立てるため、また助けるためにはじめたことなのだろう。マスコミに取り上げられ、しきたりの分からない若者や、場の空気を乱す一見《いちげん》客が増えると、古くからの常連客がその人たちを排除しようとする。最初はママを想ってのことであっても、いつの間にか気分でお客さんを選ぶようになる。そこには、店のビジョンや将来設計、そして誇りやそれを支える歴史もない。原稿を書いている今もムカムカしてくるが、「兵六」もあのまま行っていたら同じような状態になっていただろう。

そうならなかったのは、自慢じゃないが「私がいた」からだ。初代の遺したものの上にあぐらをかき、虎の威を借りる狐そのものだった私はそれまでの自分を反省し、改めて「兵六」の歴史を振り返ることにした。初代がどのように考えたのか、初代ならどうするのか。そして、今の時代を生きていくために自分に何ができるのか。木に竹を接ぐような改革ではお客さんがゼロになってしまう可能性があるし、何よりも秀子がついていくことができない。

現在も「兵六」の壁に掲げてあるものだが、「酒紳四戒」というのがある。これを兵六憲法だと思っている人がたくさんいるのだが（吉田類さんもその一人）、これは兵六憲法ではない。初代がどこかの店で見つけて、「兵六」にピッタリじゃないかと言って自作したものである。

このなかに「他座献酬」、つまり「ほかの人に自分の酒をつい

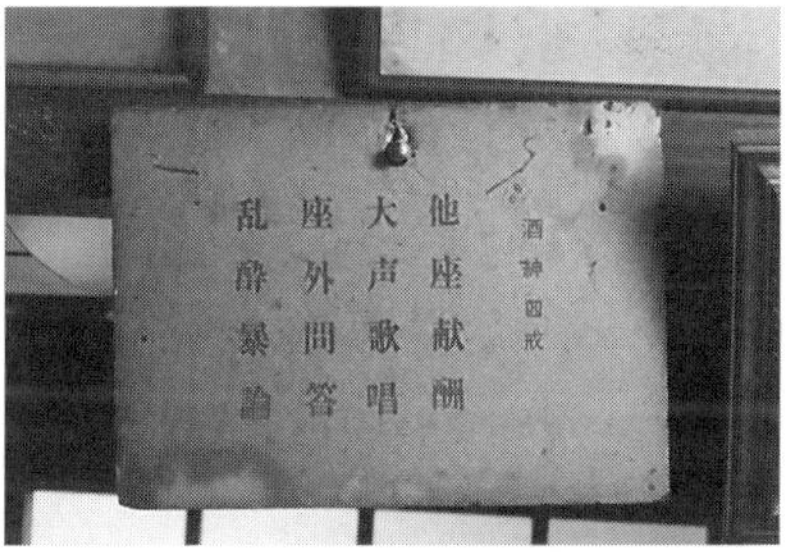

初代が自作した「酒紳四戒」

で呑ませてはいけない」という言葉があるのだが、これを改めて徹底的に禁止することにした。もちろん、勝手な席の移動も禁止である。

「今日からこれを徹底的にやる！」と決めた初日、さすがにちょっと緊張した。貼り紙に逃げるという手もあるが、やはり堂々と胸を張って態度で示す必要がある。そういうことが一番苦手な私だが、「兵六」の亭主たるもの、堂々とやらなければならない。

　昨日までと同じように自分の酒を人の盃につぐと、「今日から厳禁」と言う。席を勝手に移動しようとするお客さんを間髪入れずに止め、不満げな顔を見せたら「嫌なら来るな！」と冷酷に告げる。言うまでもなく、人の頭をはたいた女性は「出入り禁止」とした。

　当時、店内のほとんどを埋めていた常連客たちは、私の態度が変わったことに対して言葉を発しなかったが、ザワザワしたという感じはあった。一瞬ひるむが、そこは断固たる決意で挑んだ。そう、後退するわけにはいかなかったのだ。

　言ってみれば、私の「兵六新憲法」ができた瞬間である。だから、吉田類さんもこの「酒紳四戒」を兵六憲法と勘違いしたのかもしれない。断って、断って、斬りまくった。もしも、常連客の言いなりの店になっていたら、私の健康状態が損なわれていただろう。もちろん、精神的にも病んで、今こうして本書の原稿を書いていることもなかったと思う。

　当時、すでに毎日吐きそうな状態になっていたから、限界が近かったのかもしれない。だが、同時に、「兵六」を守るために、ともに笑いあったような人であっても出入り禁止にする可能性があるというのは、亭主という役目が真に孤独であることを示している。悲しいことだが仕方がない。それが、私が背負った「兵六」の亭主という宿命である。

私は、カウンターの中央で遊んでいるわけではない。「兵六」の伝統を守るために、「兵六」をこれから発展させるために、そして「兵六」に来てくれた人が少しでも心休まるためにいる。それゆえ、孤独になることを恐れてはいけない。どんなに寂しくても、それに負けてしまってはいけないのだ。


平山秀子が亡くなったのは二〇一〇年七月だった。葬儀の席で私は泣いた。父の葬儀では一滴も流れなかった涙が止まらなかった。みっともないが号泣してしまい、申し訳なく思っている。

私は、秀子が楽しく常連客と和気あいあいとすることを邪魔した。「兵六」と、何よりも私の今後を考えるとそれはよくないことだと判断したからであるが、苦労に苦労を重ねた九〇歳をすぎた女性の楽しみを奪ったことだけは間違いない。頑張ってきたご褒美が「兵六」で笑って楽しくやれることだったのに、そのご褒美を目の前で私は破壊したのだ。

高齢の秀子を悲しませるようなことは、どんな理由があっても許されるわけがない。実際、そう思っていた。秀子は私を救ってくれた大恩人の一人なのだ。本当にごめんなさい。どんなに謝っても許してもらえないだろうが、お詫びの気持ちしか出てこなかった。しかし、言葉にできず、その代わりにいつまでも泣き続けた。

九九歳で亡くなるまでリリー（すずらん）のように可憐だった秀子、今頃は天国で、夫唱婦随だった一郎と再会し、楽しくやっていることを祈っている。

「兵六」における「平成の改革」だったが、その後、常連客ばかりが店内で「でかい顔」をするような空気は一掃され、外に開かれた店になった。それを証明するように、初めてのお客さんがたくさん来てくれるようになった。だが、学ぶべきことはまだまだあった。未熟者ゆえの私に降り注ぐピンチ、あいにくとまだ続いた。しかし、そんなときに救世主が現れた。

『吉田類の酒場放浪記』

実は、吉田類さんのことはまったく知らなかった。エッセイストでもあり俳人の類さんは、近くのお店で句会を毎月行い、その会が終わると句会のメンバーとともに「兵六」に流れてくる、というのがお決まりになっていたが、いつも大勢で来られるし、そのなかには常連客のライターもいたから、てっきり類さんもライターの一人なんだろうと思っていた。私の時代になってからも出版業にかかわっているお客さんが多かったので、「ものすごく目立つ」という存在ではなかった。また、この時点で『吉田類の酒場放浪記』（ＢＳ ＴＢＳ・月曜日の夜九時放送）はすでに放送されていたが、地デジ化以前のことだったので私は見たことがなかった。

あるとき、いつものように句会の帰りに寄ってくれた類さんが、「僕の番組に出てくれませんか？」と言ってきた。（テレビで訪れた店のことを書く）夕刊フジの連載はいいけれど、テレビはちょっと……」というのが、そのときの私の答えだった。それに対して類さんが言った言葉、今でもハッキリと覚えている。

「僕には、いい視聴者しかいませんから大丈夫です」

視聴者の顔なんか見えないはずだから、そんなことが分かるのだろうかと疑問に思ったが、押し切られるような形で撮影してもらうことになった。

放送日は二〇〇五年一月六日だった。私の家では「ＢＳ－ｉ」（現在のＢＳ ＴＢＳ）が見れなかったから、リアルタイムでテレビの前に集合して正座で見る、なんてことはできなかったし、スタッフの方からＶＨＳのビデオテープ（当時はＤＶＤではなかった）が送られてくるまで見ることはなかった。そして、一番恐れていたミーハー層が大挙して押し寄せるといったこともなく、ほっとした。あまり見ている人がいないのだなーと思っていたが、それは「大間違い」であった。

放送後しばらくして、新規のお客さんがじわじわと増えはじめた。みんな特徴が共通しており、基本的には静かで、落ち着いてお酒を楽しみ、常連客に対してもある一定の敬意をもって接し、お酒と酒場が本当に好きなんだと感じる雰囲気を漂わせていた。

目立たないが、明らかにこういう人種のお客さんが増えてくるので、なるほどこれが「僕の視聴者はいい人しかいません」の真意なのだと合点がいった。番組を見たからといって放送直後にその店に行くというようなことは絶対にせず、類さんが番組で行っているように、訪れた店になじむように努めている。類さんは、番組内でそんなことを視聴者に強いるような発言は一切していないが、見ていた人たちが「いい人」であることは証明された。なかなか凄いことだ。

類さんは、「兵六」にとってはもちろん、私にとっても大恩人の一人である。大鉈《なた》を振るって改革することに迷いはなかったが、一歩間違えば誰からも見向きをされず、孤立してしまうという可能性が大いにあった。内向きではなく、外向きの「兵六」にしようと考えていたところに類さんが現れてくれたので、本当に大きく外に開かれることになった。それまでのように続けていたら、流れの止まった川が淀んでいくように「兵六」も淀み、腐臭を放っていたかもしれない。類さんと「酒場放浪記」なくして、現在の「兵六」はありえない。

二〇二一（令和三）年、「酒場放浪記」で訪れた店が一〇〇〇軒に達したという。地デジ化が進んで以後、類さんはすっかり有名人になり、「兵六」で飲んでいるときにサインを求められたり、

「写真を一緒に撮ってください」とお願いされるようになった。番組がこんなにも長く続いているのは、類さんの飾らぬ人柄と、収録時でも本当に酔っ払っている姿を見せているからだと思う。

ありがたいことに、一〇〇〇軒到達記念として、「もう一度行ってみたい店」の二軒の一つとして「兵六」が選ばれた。緊急事態宣言が再発出されている二〇二一年二月二日に収録は行われた。二〇〇五年の放送から一六年、相変わらず類さんはみなぎるパワーを発していて若々しい。「一〇〇歳まで頑張る」とおっしゃっていたので、ぜひ二〇〇〇軒記念の特別番組でまた「兵六」に来てもらいたいと願っている。

記念に写真を撮っていただいたのだが、シャッターを切ってくれたのはプロデューサー。照明まで当ててくれたのだが、その役は一六年前も撮影してくれたカメラマンであった。類さんだけでなく、家族のような温かさを感じてしまう「酒場放浪記」のスタッフの方々には心から感謝している。

吉田類さんと記念撮影（2021年２月２日）

箸休め――酒が呑めなくてよかったこと、悪かったこと

私は、お酒が呑めない。まったく呑めないわけではないが、ほとんど呑めない。「兵六」で働くようになってからは、一般の人が呑みに行く時間帯に働いてるわけだから呑みに行くことができないし、呑みたいわけでもないから、仮に誘われても断る理由がちゃんとあるので気が楽だ。

職場の宴会などは「面倒くさそうだなあー」と思ってしまう。コロナ禍でそういった呑み会も激減したようだが、「女子ならできて当たり前でしょ?」と言われて、出てきた大皿の料理を取り分ける女性社員が「それがなくなってホッとしている」といった声は、ラッシュアワーの電車に乗らなくて済むようになったことを喜んでいる声の頻度と同じくらい聞こえてくる。私も苦手なので、そんな宴会に呼ばれることが新型コロナとは関係なくなかったことにホッとしている。

ただ、人一倍酒呑みと酔っ払いには接している。しかもシラフで観察しているので、酒呑みの生態にはかなり詳しい。もちろん、研究をしたかったわけではない。結果的に多くの酒呑みを見てしまっただけであるが、やはりなかなか興味深いものである。

「兵六」では武士のようにカッコをつけて呑まなければならないと思っているのか、背筋を伸

ばしてシャキっと呑んでいる人が多い。それゆえ、店内で失敗したという人は少ない。しかし、「兵六」を出てからの失敗談を聞くと、結構ツワモノばかりだ。

冬、帰りの電車で運よく座れてしまい、暖房の暖かさにウトウトと眠ってしまい、地下鉄の終着駅と始発駅を行ったり来たりしたというのはかわいいほうで、中央線に乗って高尾駅まで行ってしまった、京浜東北線で大宮駅と大船駅を二往復したという話も聞いた。最近は、千葉県や埼玉県、なかには茨城県や栃木県、群馬県からも来てくださる人がいるので、帰り道が心配になってくる。また、終電がなくなったので家まで歩いて帰ったとか、始発まで公園のベンチで雨をしのいだという話も聞いたことがある。

近年よく聞かれるようになったのは、帰りの電車内でスマホを見ながら、酔った勢いでしてしまう通販サイトでの買い物である。後日、記憶にないＤＶＤボックスなどが届くそうだ。クレジットカード決算ができるので、ネット通販は酒呑みにはとても危険な代物となる。

記憶にない商品が自宅に届くと、サンタクロースからプレゼントが届いたことにしているようだが、朝起きると、枕元に食べかけのビッグマックが置いてあったりもするそうだ。きっと、サンタさんが食べた残りなのだろう。一番困ったサンタさんの場合、ノートパソコンのキーボード上にアイスのバーを置いていった。「ガリガリくん」を途中まで食べて帰ってしまったようで、食べ残しはすべて溶け、ノートパソコン内に流れ込んでしまったという。翌朝、そのパソコンも深い眠りに就いていたのか、ウンともスンとも言わなくなってしまったらしい。

お酒をほぼ呑まない私のところへ、このようなサンタさんは来ない。とても残念で仕方がないが、酒呑みをうらやましいと思う瞬間もある。コロナ禍においては県をまたいでの移動が自粛となり、お盆の帰省もままならなかったが、酒呑みの旅行はいかにも楽しそうだ。飛行機で行けば二時間ほどの距離をわざわざ新幹線で行き、その間ずっと呑んでいる。窓から見える景色を愛でつつ何時間も呑み続けるという光景、何となくうらやましい。

貧乏性の都会人は何かをしていないと落ち着かないものだし、ついスマホを開いて最新情報をチェックしてしまったりするのだろうが、たまには焚火の炎をじっと見続けているような、心の平穏を取り戻す時間をもてるようにしたほうがいいのではないかと思う。そういえば、「青春18きっぷ」を使ってひたすら鈍行を乗り継ぎ、その間ずっと呑み続け、目的地に着いてからも呑んでいたという話も聞いたことがある。私には、かなりうらやましい旅行である。

新型コロナが落ち着いたら、そんなに好きではないが、駅の売店でお弁当買って、だらだらと車窓を眺めながらどこか遠くへ行ってみようかなと思っている。電車や旅が好きな人たちは、そんな願望が常にあるから、酔うと無意識に遠くまで行ってしまうのかもしれない。気持ちよく酔って、電車に揺られて知らないところへ旅に出る。起きて我に帰ったときは愕然とするだろうが、なかなか心地よい旅なのかもしれない。

第5章
ブログ時代が教えてくれた風の起こし方

ネットやメールでネガティブ発言はしない

酒場をうまく回しているという自信が芽生えてくると、不思議な万能感に包まれるようになった。偉大であった初代平山一郎には及ばないながらも、顔に泥を塗るようなことはしていないと思えることが、人として、また男として大きな自信になった。それに、自信をもつことは義務でもある。

自信なさげに店をやる、または誰かの助けを求めるような姿を見せることは、「兵六」の亭主としてはあるまじきことである。仮に自信がなかったとしても、自信のあるふりをするべきなのだ。亭主たる責任、と言っていいだろう。この責任があるおかげで、時々折れそうになる心を奮い立たせることもできた。とはいえ、客観的な数字に表しにくいこの自信、「勘違い」と表裏一体である。

エアコンを設置しないことで自然破壊に対して一矢報いている。電話を置かないことで情報化社会と一線を画す。こういう「兵六」の姿を世に示すことで、社会問題を批判しているつもりがあった。実際には、炎天下のアスファルトに打ち水をするようなもので、水は一瞬で蒸発してしまう。まさに焼け石に水だが、それでも大企業が自らの利益のみを追求していることに対して反旗を翻している気分であった。

つまり、「敵」だと思っているのである。大企業や政府は「悪」で、兵六は「正義」なのか？もし正義ならば、「兵六」で酒を呑んでいるときは悪を声高らかに批判していいということになる。確かに、そういう店も多いようだ。しかし、「兵六」では、前述したように「政治の話はご法度」としている。何だか、言いようのない違和感があった。

そんなときに起こったのが、私のブログ炎上である。私が大好きなJリーグクラブ「FC東京」のサポーターブログを毎日更新していたのだが、そのなかで、あるゴール裏サポーターの批判を書いた。「ゴール裏サポーター」とは、スタジアムのゴール裏に陣取り、旗を振ったり応援歌を歌ったりして、常に一生懸命応援している人たちのことで、世界的に見ても、もっとも荒くれた人たちのことである。私はその集団には属していなかったが、同じ場所にずっと立って応援をしているサポーターである。

常々思っていることであったし、思っていることを一〇〇パーセント表現して、そのことで応援スタイルがよい方向に変革していくキッカケになればと思って書いた記事であった。多くのサポーターが賛同してくれると信じていたし、発展的で建設的な批判だと思って意見を発表したのだが……。

批判した相手と思われる人からのコメントが書き込まれた。「なんなんですか？」と、ハッキリ怒っていた。怒らせるつもりで書いたので当たり前だが、いざ怒りのコメントが書き込まれると背筋が凍ったのも事実である。

お互い匿名のうえで自由に意見を書く。ネットのいいところでもあるが、誰だか分からない人にそう言われると、ものすごく不快だった。逆の立場で言えば、私に批判されて、コメントを書いてきたその人はもっと不快だったことだろう。

「炎上」とまでは言わないが、ボヤくらいにはなった。それでも、その週に行われたアウェイのスタジアムに足を運んだ。そのゴール裏は、全員が私の敵のような感じがした。心底悩み抜き、サポーター仲間に相談することにした。

この人は「酒場ブロガー」の浜田信郎さんと仲がいい。浜田さんは、当時急速に脚光を浴びるようになった「酒場ブロガー」の先駆けのような人で、「居酒屋礼賛」というブログを、会社勤めをしながら運営していた。

　武蔵小杉の「モスバーガー」で話してくれたのだが、この人いわく、浜田さんはご自分のブログに人の悪口を絶対に書かないそうだ。なるほど！　それはとてもよく分かる。たまに「兵六」来てくださると、浜田さんはずっとニコニコしておられ、穏やかな空気があたりに漂う。終始楽しそうだが、酔いつぶれるでもなく、悪酔いするでもなく、さわやかな風をあとに残して帰るという人だ。このような人だから、確かにブログで誰かの批判をするわけがない。

「ブログというのは、そうあるべきなんじゃないですか」

と、同じサポーターなのにとても穏やかに話すこの人も、浜田さんと同じ空気をまとっている。そういえば、この人の周りにも、浜田さんの周りにも、同じような空気を漂わせている人が集まっている。言われて初めて気がついた。サッカーの試合中、相手選手と審判に対してヤジを飛ばしまくってる私とは大きな違いだ。

「だから、ブログやメール、ネットは人の悪口やマイナスのことを書いたらいけないんですよ」

　この人にこうも言われた。なるほどと思う一方、そうは言ってもにわかに考えを改めることができない。間違っていると思ったことや行動に対して、批判や抗議をするべきではないのか？　それは、問題から目をそらして逃げていることにならないのか？

　アウェイの試合から数日、私はずっと悩んでいた。頭の中には浜田さんの笑顔が浮かんでいた。

気になることは試してみればいいと思い、しばらく「兵六」では、浜田さんの真似をしてニコニコと誰の悪口も言わず、批判もしないでいた。

もちろん、ブログでも同じ状態を貫いた。極端ではあるが、褒めて褒めて褒めまくる。批判すべきところよりもいいところを探して書く。そういえば、相手チームの選手やサポーターに対してはブーイングやヤジを全力でする私だが、応援するチームの選手がどんなに不甲斐ないプレーをしようともブーイングをしない主義だった。「ドンマイ」に代表されるように、とりあえず「ガンバレ」に近い応援の仕方である。

同じように、普段の生活からそうすればいいだけの話か……。ダメなところよりも、いいところを探して褒める。だが、やってみると意外と難しい。ついつい不平や不満が先に出てくる。先頭を走っているのは常にネガティブな感情で、ポジティブな感情はその後をゆっくりと歩いてくるといった感じだ。

努力してネガティブな感情を抑えて、ポジティブな感情を前面に押し出し、言葉と表情で表現していく。これを続けていくと、褒められた相手が変わるというよりも自分が変わっていった。精神状態がすこぶる健やかになっていったのだ。「なるほど、これか！」と開眼するような思いであった。

このようになってみてから、改めて「兵六」の店内を見わたしてみた。政権批判などを小難しい言葉を並べて話している人を見ると、エゴしかその人の周りには浮かんでこない。自分はレベルが高いでしょ、難しいこと知っててエライでしょ、バカな小市民とは違うんです——これじゃあ周りに人は集まってこないよなぁ、と思う。

アピールしないと自らの大きさを示せない人は、所詮その程度の人でしかない。本当に大きい人は、少なくとも「兵六」では、アピールをしなくてもその大きさを周りに感じさせられる人なのだろう。

子育てをするようになってから、これについて切実に分かるようになった。私が子どものころには、親や先生にもこんな発想はなかったように思うが、今どきの子育てでは「褒める」のだ。自分がほとんど褒められることなく育ったせいなのか、いざ褒めようと思っても、これがモーレツに難しい。怒ったり、批判したり、禁止するほうがはるかに簡単なのだ。

乳幼児は、大人のように利害関係で気を遣うということが一切ないので、好きか嫌いか、自己肯定感が増すか減るかについて驚くほど明確に態度で表してくる。こちらも努力して、いいところを見つけたり、イライラするのをグッと堪えたりというかなり大変な日々であった。その点においては、二人の子どもは、私が人間として大きくなるための「先生」であったと言える。

子どもをもつ親となってから、加速度的に人の悪口や批判を言わなくなったし、できることなら心にも浮かばないようにした。子どものためなので、そのモチベーションも高かった。

東日本大震災

二〇一一年三月一一日、みなさんはそのとき、どのように過ごしていたのだろうか。私はまだ出勤前で、家族四人で自宅にいた。上の子どもは幼稚園、下の子どもはまだ一歳のヨチヨチ歩きだった。

大きな地震が来たので、幼稚園の避難訓練よろしく、「みんなー、テーブルの下に隠れろー！」と、なかば遊びのような雰囲気でテーブルの下にもぐり込んだ。子どもたちも「キャー！」と言って隠れるが、その時点では楽しそうだった。事の重大さを悟ったのは、出勤できるのかと、最寄りの駅まで見に行ったときだ。

駅ではシャッターが閉められていて、電車が走っていないことが分かった。歩道を見ると、小学生たちが防空頭巾をかぶって集団下校をしている。避難訓練ではない！　実際に危険だから防空頭巾をかぶっているのだ。

私が小学生のころ、近々東海大地震が来ると予測され、教室の椅子には座布団にもなる防空頭巾を敷いて座るというのが義務となっていた。「絶対に大地震が来るから訓練するのだ」と言われると本当に怖い。当時、噂になっていた「口裂け女」と「東海大地震」については同レベルでかなり怖かったが、どちらも遭遇せずにすんだ。

確かに東海大地震は来ていないが、東日本大震災は来てしまった。私の想像をはるかに超える一大事となった。当然、店を休みにしてテレビを見る。アナウンサーがみんなヘルメットをかぶっている。千葉の工場地帯が燃えている。九段会館[1]の天井が落ちた。ショッキングな映像が次々と目に飛び込んでくる。さらにショックだったのは、津波から必死で逃げる乗用車を空撮でとらえた映像だった。

夜の仕事ゆえ私は家族そろって家にいたが、普通のサラリーマンやOLは、会社から家まで歩いて帰ったという。何時間もかけて歩いたのだ。このとき以来、リュックのように背負うことができるビジネスバッグが主流となった。帰宅難民になってしまった人たちの苦労、言葉に表すことができない。

2010年頃の九段会館

その後、このような災害の場合、日本ではなぜ略奪や暴動が起きないのかということが海外メディアで話題になった。阪神淡路大震災（一九九五年）の記憶も新しいので、被災地に訪れるボランティアの数も多かった。血縁でもなんでもないのに助けあうのが当たり前の日本……そうか、日本の国土は昔から地震や台風、川の氾濫など天災と隣りあわせの生活を送ってきたから、その都度助けあわないと互いに生きていけなかったのだ。だから、聖徳太子が制定した十七条憲法にある「和を以《もっ》て貴《とうと》しとなす」が国民性になったのだ。

かつて読んだ新聞記事によれば、沈没したある国の潜水艦を引き揚げると、我先にと出口に殺到した姿でみんな死んでいて、悲惨であった、と書かれていた。だが、日本の潜水艦は、誰一人としてもち場を離れず、役割をまっとうしようとしたまま亡くなっていたという。

助けあうという国民性は、世界中の手本になるのではないだろうか。現に、二〇一八年のサッカーワールドカップ・ロシア大会において、選手たちがスタジアム内のロッカールームをきれいに掃除して帰ったことが世界的にも話題となった。「すべてのものに神が宿る」と考えている日本人には当たり前の習慣であるが、世界的には驚きのようである。

あらゆるものに感謝し、お辞儀をするという日本人の姿をイタリア・ミラノの地で広めたのは長友佑都である。日本人のゴールパフォーマンスといえば、それまでは外国有名選手の真似ばかりだったのに、初めてセリエAの舞台で、日本人がオリジナルのパフォーマンスをやったくれた

（1）　東京都千代田区九段南にある施設で、一九三四年に竣工した。旧称は「軍人会館」。ホール（講堂）やレストラン、宿泊施設などを備え、結婚式などに使用されていたが、二〇一一年四月に廃業した。その後、二〇一七年に競争入札で東急不動産が落札し、現在は建て替え中。再開業の予定は二〇二二年となっている。

ことは純粋に嬉しかった。そして、ミラノの人々やチームの同僚が長友の真似をしてお辞儀するという姿も心底うれしかった。

日本という風土とともに生きてきた日本人を私は誇りに思っている。「3・11」がきっかけとなり、この国のことを批判したり嫌いになったりせず、まずは日本を好きでありたい。日本に生まれてきてよかったという思いを心に満たしてから、一日をはじめることにしている。

日本人に対しては、欧米などの個人主義と比べて同調圧力があるとか、一人じゃ何もできないといった批判もある。だが、自然災害のときのように協力しあうことが民族性となっている。その特徴を理解してから、私の日本人に対する意識は変わった。日本人のいいところを褒めて褒めて褒めまくって、子どもと同じように育てる。そして、世界のお手本になれるように、一人ひとりが日本人であることを誇りに思えることを願っている。

とはいえ、私のなかにある不満や批判する気持ちはまだゼロではない。帰りの電車で、足を通路に投げ出してふんぞりかえって座っている若者やサラリーマンを見かけると、ぶん殴ってやろうかと思ってしまう。

だが、こういう気持ちもゼロにしたいと思っている。いつでも、どこでも、というのはなかなか難しいが、せめて「兵六」にいるときだけでもそうありたい。そのとき、私の周りにもさわやかな風を吹かせることができるのではないだろうか。私が「兵六」にいるだけで何かさわやかな気持ちを抱いてもらえる——おこがましいが、そんな大きな人間になろうと思って、自分の弱い心と日々向きあっている。

地震の当日、厨房従業員の一人である鎌倉陽子（邦枝の幼なじみ）が仕込みのために「兵六」に着いたそのとき、まさに地震が襲った。その直後、携帯電話で店にいることを知らせてくれたが、すぐあと、通話もメールもできなくなってしまったから、彼女が無事に家へ帰ったのか、店内の様子など、心配でたまらなかった。

前述した「九段会館」の天井が落ちたというニュース映像は、店の近所のことだけに衝撃的で、「兵六」がどうなっているのかと不安がよぎった。建物自体は、設計してくれた中島猛詞氏（一三三ページ参照）が「どんな地震でも倒れない」と太鼓判を押してくれていたが、「もしも」があるかもしれない。よしんば建物は無事だったとしても、店内の棚に並べてある徳利やグラス、詩人の額などが

厨房での鎌倉陽子

床に落ちて粉々になっているかもしれない。神戸に嫁いだ姉が言っていた、「家具が飛んできた」という言葉が脳裏をよぎった。

3・11の東京は、そこまでの揺れではなかったろうが、グラスなどをすべて揃えてからでないと営業を再開することができないかもしれない……という不安を抱えたままニュースを見ていた夜中の零時、鎌倉とようやくメールが通じるようになり、無事に帰宅できたこと、店内の被害はゼロであることを知って安心した。グラスや瓶が棚から落ちることもなく、掲げていた額が多少ずれたくらいだと言う。はからずも、中島猛詞氏の言葉が証明されたことになる。

震災後、一四日（月曜日）に営業を再開した。経営者の邦枝が住む浦安は被災地と言ってもよく、まだ断水したままだった。余震のない日がないというくらいで、まったく揺れていないときも何だか揺れているような錯覚に襲われる日々が続いていた。地下鉄の神保町駅から歩いていくと、「兵六」の手前にある「ラドリオ」は、トレードマークとでも言うべき外壁のレンガが一部崩れてしまっていた。

自分の目で店内を見て、心底ほっとしたのか、張りつめていた気持ちの糸が切れたのか、一日だけ営業して、その翌日から私は熱を出して寝込んでしまった。そのため、その週は「臨時休業」となった。回復するまでに数日かかり、その間、もっとも弱い自分と向きあわざるを得なくなったという情けない記憶である。

ユーミン式八百万《やおよろず》の神

人間としての土台が未完成だったころに私は「兵六」と出合った、と先に書いた。外見は大人であるが、中身は未熟な少年で、心はすさみ、自暴自棄で、生きる意味を見いだせていなかった。こんな世の中なんて消えてなくなってしまえばいいのにと、自分の弱さを棚に上げてあらゆるものを否定して、嫌い続けた。そんな最低な想いを抱いてる私を、「兵六」は否定することなく受け入れてくれ、なおかつ人格形成の手助けまでしてくれた。

表現は悪いが、適度に無責任で道を示してくれた。心理学では「自己同一性」というようだ。アイデンティティと英訳すると少し軽く感じてしまうが、「自分」が固まってからの私は、それ以前とは比べものにならないくらい自信がついた。本当に先祖が憑依《ひょうい》したような感じで、できなかったことができてしまうようになったのだ。

自分の心から大きなものが生まれてきたのも大きな経験であった。胸のあたりに「9のエネルギー」を意識して外へ向かって力を生み出す。被災地のこと、天変地異に挫けることなく必死に生きる日本人、家族のこと、なんでもいいから好きなことを思い浮かべると自分を包み込んで癒してくれるのだ。

地下鉄サリン事件が起きたのは一九九五（平成七）年三月二〇日であるが、あまりにも身勝手な犯罪に怒りで体が震えた。つい最近まで、この世なんてなくなってしまえばいいのにと思っていたにもかかわらずだ。彼らは、日本人の何を見ていたのだろうか。東京大学をはじめとして高学歴の人がたくさんいたようだが、あまりにも幼稚すぎる。

些細なことで「穴ボコ」は簡単にできてしまう。人混みを歩いているだけでもできてしまうだろう。でも、本当に幸せになってもらいたい存在のことを想うだけで、その穴を埋めてあまりあるものが自分のなかから生まれることを知った。身近なものでいい、私にとって一番分かりやすかったのは子どもの存在であった。

松任谷由実の『やさしさに包まれたなら』（一九七四年）という曲は、ジブリ映画『魔女の宅急便』（一九八九年）を観るまで知らなかった。バブルを象徴する歌手として嫌いだったせいか、松任谷由実の曲をちゃんと聴いたことがなかった。でも、親になってから聴くと、聴こえ方がまったく違った。『魔女の宅急便』のエンディングテーマに使われたのは、そういうことかと合点がいった。

この曲は「♪小さいころは、神様がいて、不思議と夢を叶えてくれた」ではじまるが、子どもが小さいときは、何でも先回りしてやってあげていた。お膳立てをして、最後の最後、子どもがやってできると、「すごいねー！」と言って褒めるという感じであった。これとまったく同じことを自分も幼少期にしてもらっていたわけで、これらのことを自分の成果として自己肯定感を満たしていたのだ。

親になって、初めてそのことに気づいた。それまで一人で生きてきたような錯覚があったことも恥ずかしいが、それさえも許してくれそうな気がする親の存在は凄い。おそらく、電車で隣に座ったまったく知らない人も、道ですれ違って二度と会わないだろう人も同じようなことを親にされていた可能性が高い。そう思うと、世の中は優しさにあふれている。

さらにもっとよく見ると、パッと視界に入ったもののほとんどすべてが人のつくったものであり、使う人のことを考えて使いやすいように工夫がされていることに気づく。少しでも楽なように、事故が起きないように、安全であるように、あらゆる配慮がされているのだ。時間もお金もかけてつくられたものであり、多くの人の手によってメンテナンスがなされ、掃除もされ、清潔さが保たれているものばかりだ。

地下鉄のホームに立っているときにふと思う。私一人では、このトンネルを掘ることも、掘る方法を考えることも不可能だ。何回生まれ変わってもたぶん無理だろう。頭のいい人が代わりに勉強して考えて、それでつくられたのが地下鉄だ。ありとあらゆるものに人の想いが詰まっている。これが、「♪やさしさに、包まれたなら、目に映るすべてのものはメッセージ」である。

平成は、天変地異の多い時代だった。一九九五年の阪神淡路大震災にはじまり、東日本大震災だけでなく、台風や水害など各地域に甚大なる被害をもたらした。そのたびに、名もなき市井《しせい》の人々が被災地へ向かって災害復旧の援助をするという光景は、もはや当たり前のものとなった。有名な人も名をふせ、顔を隠してボランティアをするために被災地へ足を運んでいる。売名行為としてではなく、匿名で義援金を寄付している。

日本人が立ち向かうべき「敵」は「天」なのだなと思ってしまう。とんでもない試練を与えてくる自然の力、奪われた命も少なくない。批判したり、悪口を言ってみたところで「天」は痛くもかゆくもないだろう。それでも日本人は、粛々と手を取りあって協力しながら、恵みを与えてくれる「天」に感謝しつつも抗おうとしてしまう。これが日本人の闘い方なのかもしれない。

奪おうとするのではなく譲りあう、分かちあう、感謝しあって認めあう。「兵六」という場所を共有しあって和やかな表情を浮かべながら呑んでいる人たちは、そんな日本人を象徴している。店も国土も狭いが、心から無限のものを生み出し続けている世界一豊かな場所が日本であり、「兵六」である。資源がなくとも、この風土で生きてきた人こそが「財」なのだ。

今、「兵六」の前に立ちはだかっている敵は、民衆を抑えつけようとする国家権力ではなく、植民地支配を目論む大国でもなく「天」である。二〇二〇年に放たれた刺客は、目に見えないウィルス「新型コロナ」であった。四月七日から五月一四日までを対象として出された緊急事態宣言のときは店を閉めた。幸い家族経営のようなものなので、売上がなくても日本政府や東京都が出した給付金で経営をつなぐことができた。

そして、二〇二一年一月八日、緊急事態宣言が再発出された。ちょうど、本書の原稿執筆が最後の段階に来ているときである。このとき、飲食店の営業は二〇時まで、お酒の提供は一九時までとされた。前回の緊急事態宣言では二か月弱臨時休業としたが、今回は通常どおり一七時に開店し、二〇時に閉店するという形で営業することにした。新型コロナの感染者が東京都だけで連日一〇〇〇人を超えていただけに、限定営業に踏み切った八日は金曜日にもかかわらずガラガラだった。

店内が閑散としているととても寒い。おまけに、換気のためにジャロジーの窓を少し開けてある。この日に来てくれたお客さんはたったの五人で、名前を知っている常連客は一人であった。あまり見たことのない寒々しい「兵六」、さすがに私も不安になった。

幸いなことに、翌週の月曜日からは常連客を中心にたくさんの人が訪れてくれるようになった。三時間しか営業できないし、お客さん同士の距離を開けないといけないので、一日の目標を一五人とした。大赤字になるが仕方がない。それでも、目標を下回る日は一日しかなかった。

お客さんのなかには、会社に早く出勤して、夕方五時に「兵六」に行けるよう工夫をしてくれた人のほか、たまっていた有給休暇を消化して呑みに来てくれるという人もいた。とはいえ、三時間というのはあまりにも短い。時間内に満足するだけお酒を呑もうとするから、いつもより呑み方が速い。なんだか、濃密な三時間になってしまっているという感じだった。

当初、三月七日までとされていた緊急事態宣言が「二一日まで延長する」と発表された五日（金曜日）の混み方は異常だった。約二週間前に吉田類さんの番組で取り上げてもらったことが影響したのかもしれないが（一七三ページ参照）、我慢を重ねてきた酒呑みたちが殺到し、ちょっとした暴動のようだった。やはり、みなさんゆったりと呑みたいと思っているだろうし、私もそのように呑んでもらいたいと改めて強く思った。

依存症ビジネスをしない「兵六」

もう一つ、「兵六」が立ち向かうべき相手がいる。それは「依存症」である。現代の日本で普通に生活していれば「穴ボコ」が空くということは避けられないのかもしれない。その「穴ボコ」をどのようにして埋めるのかが問題となる。そんな「穴」に商品を提供して、依存症に仕立て上げるというのが「依存症ビジネス」であり、麻薬の密売などがその最たる例と言える。

「兵六」にかぎらず、この依存症ビジネスをやろうと思えばそんなに難しくないだろう。アルコール依存症の患者を多く生み出して、その人たちからお金を巻き上げることができそうだ。もちろん、そんなアイデアが私の頭に浮かぶわけはないし、そもそもやろうとも思っていないからお金も時間もかけないが、もし頭のいい人が一〇人くらい集まって本気でこの依存症ビジネスをやろうとしたら、世界中を席捲するようなことができるのではないかと思っている。

では、「兵六」がなぜそれをやらないかと言えば、躁うつ病にかかった経験から、依存症がこの病を引き起こすという考えに至ったからである。うつ状態になれば自殺衝動が出てきてしまい、死という危険も生じる。それよりも、「映画館肘掛けの法則」（一四〇ページ参照）で書いたように、人と人との間に見えないものを生み出していったほうが生産的だし、心も満たされるといったことが「兵六」のお客さんを見ていれば分かる。お互いに奪いあうから「穴ボコ」が空いてしまうのだ。

私に関して言えば、二〇年以上この考えのもとで「兵六」をやってきたし、今でも新しいお客さんが増え続けている。そして、一定の比率で確実にリピーターになってくれているので、「反依存症ビジネス」で「兵六」を経営するという考え方に手ごたえを感じている。

こんなことを考えていたら、見過ごせない新聞記事を見つけてしまった。産経新聞（二〇一九年八月一八日付）の書評欄で『依存症ビジネスのつくられかた――僕らはそれに抵抗できない』（アダム・オルター／上原裕美子訳、ダイヤモンド社、二〇一九年）が紹介されていたのだ。

この本によれば、「インターネットをしながら『あと数分だけ』と思っている」などと考えてしまうようなインターネット依存症は、オンラインゲームやSNSにそれをつくり出す仕掛けが無数に仕組まれている、と書かれている。また、かのスティーブ・ジョブズ（Steven Paul Jobs, 1955～2011）は、自分の子どもにiPadを使わせなかったともある。もし、これが本当なら由々しき事態である。危惧していたとおり、世界中の頭のいい人や天才が集まっているであろうＧＡＦＡ《ガーファ》（グーグル、アップル、フェイスブック、アマゾンの四社）において、お金と時間をかけて依存症ビジネスを本気でやろうとしている人がいることになってしまう。

私が「兵六」を手伝いはじめたころ、大きくなりすぎてしまったマスメディアがデカイ顔をして、すべての情報を牛耳っていた。それが、インターネットの登場によって庶民から庶民へ情報が伝わるようになった。マスメディアを通して情報を捻じ曲げられることなく、生《なま》の情報を受け取ることができるようになったわけだ。

これ自体は歓迎することであり、インターネットは庶民の味方だと思っていたのに、社会の頂点に立つようになったら庶民を奴隷として扱う暴君に成り下がってしまっている。私にとっても、「兵六」にとっても同志だと思っていた対象が……正直失望を隠せない。

私も時間があるときにはスマホでYouTubeを見て、気づくとビックリするような時間が経っていたりすることがある。だらしなく寝転びながらダラダラとスマホを見ていて、時折顔にスマホを落としてしまうという痛い思いもしているので、すでにインターネット依存症なのかもしれない。けれども、自分なりに依存症の仕組みを理解している（と思っている）ので、奴隷にはならないという自負がある。

歩きスマホをしている人たちを見ると、奴隷か家畜になることを拒まず頭を垂れ、見えない首輪をされているように思えてしまう。スマホのおかげで情報処理のスピードが格段に上がり、仕事の効率がよくなって時間が余っているはずだ。その余った時間を、もっと豊かなことに費やせばいいじゃないか。楽しいことはたくさんあるし、有意義なことも山ほどあるのだから。もちろん、スマホのすべてを否定するつもりはないが、前述したように、「兵六」にいる間は通話に関してはご遠慮願っているし、デジタル音を出しての動画再生などはやめてもらっている。

「ネズミの楽園（ラットパーク）」[2]という実験がある。ネズミを二つのグループに分け、一方のグループは一匹ずつ狭い檻に閉じ込める。もう一つのグループには広いスペースが与えられ、ほかのネズミとも交流が可能である。どちらのグループにも、麻薬入りの水と普通の水が置かれていたが、前者のネズミは麻薬入りを飲み続けて依存症になり、後者のネズミは普通の水を飲み続けたという。交流ができる環境（楽園）にいるネズミは普通の水で十分幸福だが、孤独で狭い空

（２）　サイモンフレーザー大学のカナダ人心理学者ブルース・Ｋ・アレクサンダー教授らによって一九七〇年代後半に実施され、一九八〇年にに発表された。

間に軟禁されているネズミは麻薬がないと生きていけないということである。薬物やインターネット、そしてSNSやスマホゲームにかかわらず、依存症を克服するカギはどうやら「楽園づくり」にあるようだ。「兵六」を「楽園」に近づけたいと思って私が日々努力しているのは、このような理由による。

繰り返すが、「兵六」の現在の敵は「天」と「GAFA《ガーファ》」である。被災地でボランティアに参加する若者たちが、天に刃を向け、暴力で対抗することだけが逆らうことではないと教えてくれた。褒めること、認めること、そして共存することで乗り越えようとしている。「天」と「GAFA《ガーファ》」、あまりにもデカすぎる相手なので、地球上の生きとし生けるものはすべて笑うだろうが、大英帝国に立ち向かった薩摩の人たちと、西瓜《すいか》売りに化けて大英帝国の軍艦に乗り込んだ部隊の子孫は笑うまい。

敵が「天」と「GAFA」と分かった瞬間、受け継いだDNAがそうさせたのか、私はニヤリとした。おそらく平山東岳《とうがく》も、大英帝国の軍艦に乗り込む決死隊に任命されたとき、同じように笑ったことだろう。敵が大きければ大きいほど嬉しくなってしまう。どこか抜けている「ボッケモン」の西郷隆盛と大石兵六と同じく、神保町の酒場「兵六」にも薩摩の血が流れている。

大きな敵と対峙したとき、ぽっかり空いた心の穴はいつの間にか塞がっているものだ。細かいことに気がつく繊細で神経質、引っ込み思案の私は、いつのまにか熱血漢のような顔をしている。

詩人たちや出版社の人たちが、剣でなくペンを持って権力と闘ったように、「兵六」は心の剣を持って「天」と「ＧＡＦＡ」、そしていつか現れるであろう新たな大きな権力と闘っていくことにする。

「兵六」の歴史は七〇年でしかないが、本書において、戦前の上海から幕末の薩英戦争まで遡った。神保町に住まう詩人たちの幽霊も、権力に逆らい続けた少年の魂をもち続けていることだろう。そのような魂は、一〇〇年とか二〇〇年といった最近のことではなく、もっともっと古くから人間の胸の内にあり続けた本能のようなものだろう。そういう勇敢な魂を思い出させてくれるのが「兵六」であると思い、毎日、提灯に灯をともしている。

箸休め――小股の切れ上がった考え方

「小股の切れ上がったいい女」という表現がある。多くの場合は大人の素敵な女性に対して使われるほめ言葉だが、そもそもこの「小股ってなんだ⁉」という議論が昔からある。女性の足首のことだと言う人もおれば、それはうなじのことであると言い張る人もいる。なかには、「そんないやらしいことを私に言わせるのか⁉」と怒る人までいる。その人にとっての「小股」とは、いったい何のことなのだろうか。

「兵六」でも話題になったことがある。さすが神保町の居酒屋に来る人だけあって、たくさんの本を読んでいる人が多い。みんな思い思いの説を披露して、やはり収拾がつかなくなった。そのなかで、「実家が足袋屋だった」と言う人の意見が面白かった。

いわく、白足袋の親指のところを「小股」と言うそうで、そこの糸を最後に切って足袋が完成となる。つまり、「小股の切れ上がった」とは「完成」という意味で、「小股の切れ上がったいい女」と言えば「完成した女」ということになる。

この話を聞いたとき、それが正解なのかどうかは分からなかったが、大好きな話だと思って拍手をしたい気分になった。何と言うか、とても美しい話である。日本テレビの「笑点」だったら、ここで番組を終わらせてほしいぐらいだ。それほど「小股の切れ上がった解答」だと感じた。

酔っ払っての会話なので、史実に反する話や主観が入りすぎて見当違いな捉え方をしている話が「兵六」では飛び交っている。「へー」と感心することもあれば、聞いているだけで不愉快になる話もある。仕事上の会議ではないから必ずしも正解を話す必要はないが、聞いていると、本で読んだだけの話よりもその人の人生とかかわっている話のほうが行間の豊かさが感じられて興味深い。

「兵六」には「金声玉振」と書かれた扁額が掲げられている。上海東亜同文書院大学の同窓会の人びとから、「兵六二五周年記念」として初代平山一郎に贈られてきたものである。中国の故事にちなんでその同窓会は「金声会」と言うのだが、当然、この故事にもちゃんとしたいわれがある。

古くから来てくれていた常連客は、初代の甲高い「いらっしゃーい」や「無双いっちょーーーー！」という声に「キンタマが震えたことを表す」と言っていたが、不正解である。甚だ品がない発言だが、この下品さは決して嫌いではない。おそらく初代の声は、鹿児島の男が剣道をするときの声「チェストイケー！」と同じ発声法で、頭蓋骨を反響して出されていたと思う。剣を持って対峙したとき、この声だけで威圧されてしまう相手がいたと思われるが、それと同じ声がお客さんの体

掲げられている「金声玉振」の扁額

に共鳴していたのだろう。「キンタマが震える」ほどだから、よほどの声であったのだろう。現場でのライブ感、この共鳴が大事である。

現在、お客さんの平均年齢は四五歳くらいだろうか。聞いていると、四〇歳すぎたあたりから固有名詞に関しての記憶力が急激に低下しているようだ。好きだった映画の名前や役者の名前が思い出せないという光景をよく目にする。

以前、映画監督のウッディ・アレン（Woody Allen）の話題になり、みんな彼のとぼけたような顔は頭に浮かんでいるのだが、どうしても名前が出てこないということがあった。誰かが「スコセッシ」と言ってしまうと、それに引っ張られてますます出てこない。じゃあアルファベットの最初から言ってみようということになり、Aから思いつく監督の名前を挙げていくが、「W」だからなかなかウッディ・アレンが出てこなかった。スマホで検索すればすぐに分かるのだが、このとき、私も含めてみなの頭にあるのはただ一つ、「ググったら負け」。

ほどなく誰かが思い出してその名を叫んだ。「してやったり」という風情で手を叩き、ボーリングのストライクを出したときと同じ空気になってみんなでハイタッチをしてしまいそうな雰囲気になった。一〇年近く前のことだが、今でもよく覚えている。そのときの快感の大きさを物語る出来事、グーグルに頼っていたらこうはいかない。

もう一つ、「兵六」には「太白遺風」という額が飾られている。初代平山一郎が書いたもので、中国の酒場には必ず掲げられているという。

「太白」とは「酒仙」と呼ばれた詩人李白（七〇一～七六二）のことだが、そこまで聞いて早とちりでおっちょこちょいな私は「あー、李白は酒を飲んだときに風を遺したのねー」と分かったような気になってしまった。頭の中に、さわやかな風を遺して「兵六」を去っていく李白の姿が浮かぶ。風というのは目に見えないもので、そういう無形な何かを置いていく様子を想像したまま二〇年が過ぎてしまったが、「遺風」とは、中国語で「言葉」や「思想」という意味のようだ。

思想というと押しつけがましくてうっとうしいから、酒場としては風くらいがちょうどいいと思うのだが、李白の時代にはスマホもネットもなかったから、言葉や思いは風のように不可視で、ふわりと流れていってしまうものだったようだ。

言葉を風にたとえるなんて、中国人もなかなか素敵だ。結局、どういう意味なの

初代が書いた「太白遺風」

だ？　まあ、明日調べればいいか。今日のところは、開け放した窓から入る春の風を心地よく感じて気持ちよく酔ってもらおう。そうやって、いつの間にか一〇年、二〇年と過ぎてゆく。

それにしてもネットは疲れる。ＳＮＳも面倒くさい。一見すると通販は便利だが、商品が多すぎて何を買っていいのかとパニックになる。古書店でよくあることだが、「縁」に引き寄せられたような本との出合いがネットにはない。何かに関する記事を読んでも、コメント欄には重箱の隅をつついたような「揚げ足取り」ばかりが並んでいて、自分のエネルギーを奪われるような感じがする。

疲弊するのが分かっているはずなのに、スマホ中毒、ネット依存症と、歩いているときでもスマホから離れることができない人が多い。仕事上においてそれらが必須となっていることはよく理解できる。それだけに、せめて「兵六」で呑んでるときくらいは、無限に続く「脳内大喜利」を楽しんでもいいのではないだろうか。

デジタル機器には「０」と「１」しかないが、人と人の間には風が吹く。「小股が切れ上がった人」のみに許された夜の楽しみ方である。

終章

電波という風に乗って

本書の冒頭でも述べたように、神保町は現在、「本の街」だけでなく「スポーツの街」、「カレーの街」としても人気を博している。このような現状が社会に流布されていく背景には、この街を訪れる人の口コミもあろうが、何といってもメディアの影響が大きい。その代表格と言えるのが、テレビ東京が毎週土曜日に放送している『アド街ック天国』である。

二〇二〇年一〇月三日、その『アド街ック天国』の「神保町特集」において「兵六」を取り上げてもらった。七年ぶり三回目の登場である。多くのお客さんが「何位でしたか？」と聞くので答えると、六位だった。おそらく、「兵六」だからこの順位になったのだろう。視聴者の人気投票があったとか、有識者の評価があったとか、そういう客観的なポイントをランキングにしたわけではないから、毎度のことながら、いただいた順位に深い意味はないと思っている。

撮影は八月一五日に行われた。コロナ禍ということもあり、お客さんがまったくいない様子の

表　2020年10月３日に放送された「アド街ック天国」神保町編の順位

１位	世界一の古書店街
２位	カレー
３位	大型新刊書店（書泉グランデ）
４位	昭和な喫茶店（ミロンガなど）
５位	映画館
６位	美味しい老舗（御菓子処さゝま、揚子江菜館、**兵六**・昭和23年創業）
７位	文房堂
８位	ランチョン
９位	出版（芝本和本製本・神田神保町１－５－７、3291-3076）
10位	成光＆伊峡（中華店）

店内を撮影しないといけないらしく、その時間は午前中となった。靖国神社には右翼の街宣車があふれていてびっくりした。「兵六」は、毎年、お盆は長い夏休みをいただくので、この日に出勤したのは初めてだった。そんな日に仕事をしているテレビの撮影スタッフの方々には頭が下がる。

撮影に来られたのは、カメラマンを含めて四人だった。前回もそうだったが、カメラは一眼レフデジカメである。これで動画を撮るのである。勘違いしてる人が多いように思うが、スタジオ出演者は撮影には同行していない。「イノッチに会えるの⁉」とも聞かれたりしたが、残念なことに会っていない。

実は、私はテレビがキライなのだ。中学時代、本当に好きなものがテレビに取り上げられると嬉しくなって見ていると、その輝きが半減していることに悲しさを感じてしまったからだ。たとえば、私が中学一年のとき、「機動戦士ガンダムⅡ　哀・戦士編」（一九八一年七月一一日、松竹）が公開された。その主題歌はガンダムブームに乗ってヒットし、アニメソングなどが登場することが皆無だった歌番組「歌のトップテン」や「ザ・ベストテン」などでも上位にランクインするまでになった。一九八一年八月一三日に放送された「ザ・ベストテン」の「今週のスポットライト」のコーナーで紹介されたのは快挙だったが、司会者が「小さなお子さんも楽しみにしてらっしゃいますよね」というようなことを言ったことが癇にさわった。

当時、ガンダムのファン層は、私のような中学生は年齢が下のほうで、大学生やそれより上の世代が盛り上げていた。アニメは子ども向けとはかぎらず、大人の鑑賞にも耐えうる作品があるのだと思っていたところにこのようなコメントである。おそらく、歌を披露する井上大輔の準備が整うまでの時間つなぎとして司会者がとっさに言ったものだと思うし、ほとんどの視聴者がそんな言葉に気を留めることもなかっただろうが、アニメファンは一様に怒っていた。

あれから四〇年ほど経つが、テレビの本質は変わっていないように思える。最近で言えば、前述したＨＳＰ（第4章参照）が朝のワイドショーなどで取り上げられると、空騒ぎするタレントが「実は私もそうでした」などとカミングアウトしたり、有識者と呼ばれる人たちがそれらしい分析をしたり、無責任なコメントを面白おかしく発したりする。傷ついたり悩んだりしている人たちは、目新しいラベルを貼られて整理され、ただの一般論やきれいごとに変わってしまう。

それが本当にやるせない。

四〇年前の幼稚な私の脳みそは、「テレビにはバカしか出ない」と認識した。物事の本当の姿を捉える能力も、それを第三者に的確に伝える表現能力も著しく低い人たち、それがテレビなんだと。あくまでも中学生の意見なので暴言は許していただきたいが、それくらい傷ついたし、世の中に対する不信感の発端になったことは間違いない。


私が「兵六」で働くようになって、最初の取材申し込みは神保町らしく雑誌〈サライ〉（小学館発行）の記者であった。「兵六」には電話がないので、記者自らが店に顔を出し、「記事で書かせてほしいのですが……」と言ってきた。電話一本ですむ話を、わざわざ時間と労力をかけて来ていただいたので、むげに断ることができなかったというのが最初である。

当時の撮影機材は大仰なもので、ものすごく大きな照明器具が狭い店内に設置されたことを覚えている。シャッターを切るたび、「ぼふっ」とでもいうような大きな音とともにフラッシュがたかれた。記事として掲載される言葉選びも慎重に行われたし、その校正にも時間がかけられた。何と言っても、書店で発売されるまでじっくりと練られたという印象が強かった（一九九九年九月一六日号に掲載）。どうやら、私は電波よりも紙媒体のほうが好きなようだ。

初めて『アド街ック天国』に出たのは二〇〇四年一月二四日である。やはりスタッフが店まで来られて、「出てほしい」と言ってくれたのだが、私は「渋い顔」をしていたと思う。スタッフも断られると思っていたのか、「なぎら健壱さんの推薦で……」と、断りづらくなる切り札を最初に出してきた。

なぎらさんは初代平山一郎のころから「兵六」に来てくれており、私の代になってからも何度かお目にかかっている。また、ご自身が著した『酒場漂流記』（ちくま文庫、一九九五年）という本にも、「この店も書いておきたい⑥　神保町『兵六』」（一六八ページ）という見出しで書いてくれている。

折しも、私の結婚が決まったときであり、腹をくくって「兵六」の仕事をするため、そして自分にプレッシャーをかける意味を込めて、番組を通じて正式に「三代目」と宣言するのもいいかもしれないと考えた。言ってみれば、プライベートなことに公共の電波を使ってしまったわけだが、テレビに出るのなら自分を納得させるだけの材料がほしかったのだ。

オンエア当日、私は鹿児島にいた。ご先祖の墓前に結婚の報告をするためだが、『アド街ック天国』は鹿児島では放送されていなかった。考えてみればそうだろう。鹿児島では、神保町にかぎらず、東京近郊の店舗情報なんて必要とされていない。

東京に戻ってから改めて録画したものを見た。私の顔とともに、「三代目亭主　柴山真人さん」とテロップが表示されていた。これでもう、逃げも隠れもできなくなった。文字どおり、退路が断たれたわけである。毎日「兵六」にいるだけなのだが、私自身の覚悟が決まった瞬間、それがこの日だった。

しかし、スタジオ出演者のコメントは納得のいくものではなかった。詳しくは書かないが、知りもしないことを即興的に耳障りのいい言葉を選んでコメントされるか、面白いことや笑えるようなことを取り留めなく言われてしまった。先に紹介した雑誌〈サライ〉と比べると、どうしても軽く感じてしまった。

念のために言うが、このときの順位が「一四位」だったから辛辣なコメントをしているわけではない。取材を受けたとき、「兵六憲法」に書かれてあるとおり宣伝をしたくなかったので、こちらのほうから「一〇位以内には入れないように」とお願いをしていたという事実がある。

とはいえ、撮影に来られたスタッフの方々はとてもよく勉強されていて、ほんの短い時間の映像を撮るために多くの努力をしていることがとてもよく分かった。それでも、私が中学生のときに感じたテレビに対する印象は、自分が撮影される側になっても覆ることはなかった。

それから九年後の二〇一〇年六月、二度目の『アド街ック天国』の撮影では、ディレクターに「九年前と同じ方ですか？」と聞かれた。

最初のとき、実は「三代目の宣言」とは別に、Ｊリーグの「ＦＣ東京」のサポーターであるということもアピールしたかった。もちろん、同じチームを応援する人に来てほしいと思ったからである。ユニフォームこそ着ていなかったが、それが分かるようにサポーターTシャツを着ていた。

さらに、髪の毛は長めの茶髪、首と指にはシルバーのアクセサリー、スタジアムのゴール裏によくいるような人の格好をしていたわけだが、およそ老舗居酒屋の三代目らしくはなく、同時期に取り上げていただいた『吉田類の酒場放浪記』（一七二ページ参照）でも同じ格好をしていた私を見て、「この店もロクな跡取りがいなくて、終わったたな」と私に話してくれたお客さんがいたぐらいチャラかった。

その後、思うところあって現在のように髪を短く刈り込むようになったわけだが、それにあわせて、服装も幾分落ち着いたものを着るようになっていったので、別人と思われても仕方がない。だが、当時の私にしてみれば、テレビとその視聴者に対する反抗だった。ディズニーランドでミッキーマウスが足組んでタバコを吸っていたら大多数の人が驚くだろうが、大多数の人が求める「イメージ」に反発したいと思っていたのだ。

今にして思えば、「長い者には反発しろ」という「薩摩ボッケモン」の考え方であるが、四〇歳をすぎて人の親になった私、少し丸くなったのかもしれない。

二回目の放送（このときの順位は一〇位）で忘れられないことは、高校の同級生に居場所がバレてしまったことだ。当時の友人たちとは完全に連絡を絶ち、行方をくらませていた。人生の暗黒時代に不義理をしたので、いたたまれなくなって会わせる顔がなかったのだ。自分の弱さがまいた種なのでいささか寂しかったが、これも仕方がない。

そんな行方不明の知人が、テレビに出てきたら驚くだろう。瞬く間にその情報が広がった。「柴山、酒場やってるってよ」である。私と彼らの長きにわたる空白期間も、地元の仲間たちはSNSでつながっていたのである。

はっきり言おう。知れわたったことはそんなに嬉しくなかった。「店にみんなで行ってやろうぜ!」、「おう!」と盛り上がっていたようなので、正直なところ震えた。「兵六」は、同窓生が一〇人以上集まって呑み散らかしてもいい店ではない。ほかのお客さんからすれば迷惑だし、何よりも、私自身がそんな雰囲気を嫌いとしている。

このときの撮影で、ディレクターがお客さんたちみんなに酒を振る舞おうとした。みんなで乾杯して、「兵六、サイコー!!」みたいな映像が欲しかったようだが、それだけは頑なに断った。「兵六」はそんな愉快な店ではないのだ。そのあたりの空気が、高校の同級生だけでなく、ほかの多くの視聴者に伝わっているのかどうか甚だ疑問だった。

多くの人が見れば見るほど、「兵六」の本質が「読解」できずに来られる人が多くなるというのが肌感覚としての実感だ。ただ、たまにこのような機会があると、明らかに雰囲気が合わない人が来ることがあるのでそれはそれで興味深い。逆に言えば、普段はいかに「合う」人ばかりが来ているかということだ。

テレビで紹介されると、そのような人が一瞬だけ増え、そして二度と来ない。高校の同級生たちも、そのようになるのは明らかだと思えた。それでも、「兵六」に集まることを了承したのは、同級生の一人がガンを患っていると知ったからだ。

結局、一〇人ほどの参加人数になってしまった。「くれぐれもほかのお客さんの迷惑にならないように」と釘を刺したが、同級生が一〇人も集まればしっぽりと静かに呑むというわけにはいかない。多少目をつぶったのは、やはりガンにかかっていた友人に会いたかったからだ。

やせ細っているのではないかと恐れていたが、一五歳のときとあまり変わらない様子であった。病気にもかかわらず、結構な量の焼酎を呑み、途中トイレから出てこなくなったので容体が急変したのかと心配になったが、楽しかったのだろう、「あんなに酔ったのは久しぶりだ」とあとで言っていた。呑みすぎて気分が悪くなっただけのようだった。

「兵六」に来たメンバーのほとんどとは、二五年ぶりくらいの顔合わせである。みんな四〇歳を超えてるにもかかわらず当時のノリのままで、良くも悪くもバカだった。当時の自分たちと同じくらいの年ごろの子どもがいるのだが、本当に大人げない。あのころ、自分の父親世代はとてつもなく大人だと思っていたが、私たちはこんなにガキでいいのだろうか、とも思ってしまった。とはいえ、私も楽しんでしまったというのが事実である。

ガンを患っていた友人が亡くなったのは、その年の冬だった。亡くなる数日前に病院へお見舞いに行ったら、恐れていたとおりガリガリにやせ細って、ベッドから体を起こすこともできなかった。覚悟はしていたが、骨と皮だけのようなその姿はショックだった。少しでも元気を出してほしくて、弱々しい手を取った。繊細な顔つきに反して、大きくて武骨な手だった。

「職人の手だよ」と友人が言った。

そうだった、彼は高校卒業後すぐに家業（水道工事）を継いで働きはじめていた。私がクサクサと思い悩み、贅沢にも無駄な時間を浪費していた時期に必死で働いていたのだろう。男同士、手を握りあうことなんてないから、まじまじと観察したのも初めてだった。

同級生が集まった！

そして、その言葉に職人の誇りを感じてしまった。

『アド街ック天国』で紹介されていなかったら、この友人の死に際に会うこともできなかった。酒が呑めない私は、酒を酌み交わすということはできなかったが、それに近いことはできた。「風の便り」というけれど、電波に乗って「私はここにいます。元気です」と消息を伝えてくれたテレビには感謝しかない。いろいろと細かな不満は先にも述べたようにあるが、それらをすべて帳消しにしてもいいくらいのことを私にしてくれた。

テレビという巨大なメディアは、インターネットにその地位を脅かされているとはいえ、まだまだ影響力が大きいというのが実感である。雑誌に掲載してもらうより、SNSにアップしてくれる人がたくさんいることより、お客さんが一瞬にして増えるのはやはりテレビで紹介されることだ。その影響力の大きさゆえの「罪」もあるだろうが、実は「功」のほうが大きいのかもしれない。

友人の死後、一〇年が経った。一度目の緊急事態宣言が発令されている間、街から人が消えた。『アド街ック天国』は、文字どおり街を応援する番組だ。今回のコロナ禍において、どこの街も意気消沈している。再び活気を取り戻すことを第一に考えてくれていることを、スタッフの心意気から感じ取ることができた。

とくに神保町は、自粛期間が開けた直後（二〇二〇年六月頃）、商売をやめてしまう老舗や名店が多かった。「兵六」は大丈夫だろうか、と心配してくれた人が本当に多かったし、営業を再開したらたくさんの人が詰めかけてくれた。一方、心配はしていても確認がとれないという人もいることだろう。何といっても、「兵六」には電話がないのだから。

しかし、電波という風に乗って、「兵六は元気です」、「みなさんのおかげでちゃんと営業しています」と広く伝えることができた。改めて、テレビに感謝を申し上げたい。

おわりに――風になれたら

本書で書いたとおり、「兵六」と出合う前の私はひどい状態だった。大学生活がうまくいかないとか、バブル時代の波に乗り損ねたとか、自分を納得させるための言い訳はあるが、今思い返してみると、それがいつの時代であっても同じようにダメになっていたのだろうと思っている。

高校時代から二〇歳になるくらいまでよく聴いていた渡辺美里の曲に『風になれたら』（作詞：MISATO、作曲：渡辺美里・佐橋佳幸、一九八七年）というものがある。

♪　風になれたら　どこまでも行けるのにな
　　風になれたら　きみにどこまでもついて行けるのにな

一見すると、純粋に好きな人の幸せを願う想いを歌ったように聞こえるが、少し視点を変えると、自分勝手なストーカー的な感じもする。相手から見えない「風」になれれば、好きな人のそばにずっといられるし、邪魔にされることもない。大人しく、物静かな一方で、執念や怨念がこもった歌である。現実の生活が充実していることを意味する「リア充」とは対極にある人が共感する歌なのだ。当時はもちろん、現在の私も、たまに聴くと共感して心が震えてしまう。

「兵六」と出合ったことで自己同一性を成し遂げたと私は思っているが、それ以降はだいたい何をやってもうまくいっている。それ以前の「何をやってもうまくいかない自分」を完全に否定して、記憶から消し去ってしまうこともできたように思う。

実際、あのころには二度と戻りたくない。「なかったこと」にして、これからは前だけを見ることも可能だ。だが、やはり原点は「ダメだった自分なのだろう」と改めて思っている。ダメなりにもがいて、恥ずかしい想いやみっともないことをたくさんして、失敗をし、傷つき、悲しんだその上に「今」がある。あのころ思ったように、いつか風になって、好きな人たちのために何かをしてあげられるようになりたい、と現在も思っている。

長男が二歳くらいだったある冬の日、井の頭公園で手をつないで歩いていた。

「お父さんとお母さんのことを星から見ていたよ。ふたりのところへ行きたくて来たよ」

子どもは小さなころ、母親のお腹にいた記憶をもっていたり、生まれる以前のことを口にしたりすると聞いていたので、自分が親になったら聞いてみようとずっと思っていたのだ。それに対する息子の返答がこれであった。

実際「星」にいて、上から私たちのことを見ていたのか、何か童話などのお話を聞いてイメージが勝手にふくらんだのか、本当のところは定かではない。それでも、小さかった息子があの瞬間にそう思っていたことだけは間違いない。人間として、こんなに嬉しいことがあるだろうか。

あれから一〇年以上が経つ。息子は自ら言った言葉をまったく覚えていないらしいが、それでいい。しかし、私は死んでも忘れないだろう。どんなに大好きな人とも永遠に一緒にいることはできない。必ず別れが来る。死んだあとにどうなるのか、生まれる前にどこにいたのかはまったく分からない。同じように、現在の世界は分からないことだらけ、と言える。


「兵六」で私は、お客さんに対して手を合わせることが多い。合掌というほど重い感じではなく、さらっと手を合わせている。「ありがとうございます」という意味のときもあるし、「ごめんなさい」を意味するときもある。それに、外国人にも通じるからありがたい。よく分かっていないのだろうが、これが日本の挨拶なのだと、外国人も手を合わせて返礼してくれたりする。

宗教のことはまったく分からないので、深い意味はなく、便利なジェスチャーだからやっているのだが、意味が一つだけあるとすれば、出会った人すべてに対する感謝の気持ちなのだ。来てくれてありがとうございます、楽しんでくれてありがとうございます、出会ってくれてありがとうございます、ということだ。

辛いことや悲しいことがあったために生じてしまった「心の穴ぼこ」から、新たな自分が生まれてくることを願って手を合わせている。この人にも家族がいて、ご先祖さまもたくさんいて、私と同じように守られている。その想いの深さや広さは想像できないほど大きいものであろう。

毎日、そんな人が「兵六」に二〇人もいれば、それだけでも「ご先祖の子孫を守る想い」は地球全体を覆ってしまうほどの規模になるのではないだろうか。一人だけでなく、その人が今日出会った人の数を掛け算したら、それだけで宇宙を凌駕するほどの大きさになる。そんな大きなものを得ているわけだから、私は「兵六」でみんなに手を合わせている。

「ありがとうございます」

それにしても、言葉は大発明だ。改めて言うまでもなく、想いを表現して人に伝えることができる。そして、その言葉が集積された本は、その何万倍も凄い発明品となる。「兵六」はとても小さな店だが、前述したように、宇宙を満たすくらいの喜びで毎日満ちている。同じことを本でやれれば、もっともっと大きな喜びを生み出すことができるかもしれない。時間も空間も超えて風になれたら――私の想いを言葉に乗せて、これまで出会ってきた人、これから出会う人、すべての人が幸せになれるようにと願いながら本書を書いてきた。

書店に並び、たくさんの人の手から手にわたって広まっていく。もし名著ともなれば、古書店を通じて再び人から人へとわたることになる。そんな喜びにあふれている本の街「神保町」はいいところだと思う。

最後になりますが、本書を執筆するにあたり多大なるご尽力をいただいた武庫川女子大学教授の本田一成さん、そして本書の編集を担当してくれた株式会社新評論の武市一幸さんに深く感謝申し上げます。また、上海時代の内山書店の写真掲載の許諾につきましては、店のご近所ということもあり私が直接伺ったわけですが、アポイントも取らずに突然おじゃまするという非礼をしてしまいました。それにもかかわらず、社長の内田深さんが直々に対応をしてくださりました。礼儀知らずの訪問を深くお詫び申し上げるとともに、心より感謝致します。

そのほか、お一人ずつお名前は記しませんが、本書に掲載させていただいた写真などを快くご提供してくださったみなさまに、この場をお借りして御礼を申し上げます。

二〇二一年三月　時短営業のなかで

柴山雅都

追記・本書が責了となった二〇二一年四月五日、大阪府、兵庫県、宮城県に「まん延防止等重点措置」が適用された。そして、東京も……。飲食店の苦難はまだまだ続く。しかし、「お酒の文化」に精通しているお客さんが必ず助けてくれる。

参考文献一覧

・アダム・オルター『「依存症ビジネス」のつくられかた——僕らはそれに抵抗できない』上原裕美子訳、ダイヤモンド社、二〇一九年
・岸朝子『たべあるき東京』昭文社、一九八八年
・佐々木芳人『酒の店』昭文社、一九七八年
・チャルマーズ・ジョンソン『ゾルゲ事件とは何か』篠塚務訳、岩波現代文庫、二〇一三年
・東京やまなみの会編集「東京やまなみ」(No.38)東京やまなみの会、一九八九年
・中島らも『訊く』講談社、一九九六年
・なぎら健壱『酒場漂流記』ちくま文庫、一九九五年
・新村出編『広辞苑(第七版)』岩波書店、二〇一八年
・日本リアリズム写真集団「視点」実行委員会『写真集'98「視点」』日本リアリズム写真集団、一九九八年
・兵六亭五十周年記念刊行会、編集『兵六亭五十周年記念出版 兵六亭 神田辺りで呑んだ』同発行、一九九九年
・平山一郎「兵六憲法閑話」私家版、一九七三年
・平山一郎『本の街 神田村・兵六亭』理想出版社、一九八一年
・魔夜峰央『パタリロ』(花とゆめCOMICS)白泉社、一九七九年より。
・毛利正直『大石兵六夢物語』西元肇訳、高城書房、一九九九年
・「TokyoWalker(東京ウォーカー)」(No.16)KADOKAWA、二〇一二年

著者紹介

柴山雅都（本名・真人）（しばやま・まさと）

1968年、東京都練馬区に生まれる。神奈川大学法学部法律学科中退。大学在学中に「兵六」の手伝いをはじめ、現在、3代目亭主を務める。好きなものは、「FC東京」、「宮崎駿」、「劇団四季」。
共著書として、『兵六亭――神田辺りで呑んだ』（私家版）1999年がある。

「兵六」――風を感じるこだわりの居酒屋

2021年5月10日　初版第1刷発行

著者　柴　山　雅　都

発行者　武　市　一　幸

発行所　株式会社　新　評　論

〒169-0051
東京都新宿区西早稲田3-16-28
http://www.shinhyoron.co.jp

電話　03(3202)7391
FAX　03(3202)5832
振替・00160-1-113487

落丁・乱丁はお取り替えします。
定価はカバーに表示してあります。

印刷　フ ォ レ ス ト
製本　中 永 製 本 所
装丁　星 野 文 子

Printed in Japan
ISBN978-4-7948-1179-0